라틴아메리카 흑인 만들기

중남미지역원 라틴아메리카 문화지도 05

라틴아메리카 흑인 만들기

아프로-라틴아메리카 공동체 빨렝께,
저항으로서의 역사와 기억으로서의 문화

차경미 지음

산지니

머리말

  15세기 말을 시작으로 19세기까지 수많은 아프리카인들이 노예로 아메리카 땅에 정착했다. 이들은 전문 노예 수색대에 의해 아메리카로 팔려 와 각 지역으로 흩어졌다. 식민경제가 확대되던 17세기 대토지 소유제를 바탕으로 수출용 상품 작물을 재배하는 근대적 농업경영 형태의 아시엔다(Hacienda)가 발전하였다. 아시엔다는 노예 노동력을 바탕으로 운영되었다. 식민권력의 노예통제 수단은 폭력이었으며, 아시엔다가 확장됨에 따라 흑인노예의 도주는 증가하였다. 스페인 식민권력은 도주한 흑인노예를 '산으로 도망간 황소'라는 의미의 시마론(Cimarron)이라고 불렀다. 원래 시마론은 앤틸리스 제도 원주민어에서 유래한 말로 '산으로 날아간 화살'이라는 뜻을 가지고 있다.

  시마론은 접근이 어려운 산악지대에 빨렝께(Palenque) 혹은 낄롬부(Quilombo)로 불리는 공동체를 건설하여 조직적인 반(反)식민운동을 전개했다. 17세기 말 빨렝께는 2배로 증가했고 18세기 전 기간 동안 시마론의 활동은 라틴아메리카 전 지역으로 확산되었다. 식민시기 형성되었던 브라질의 빨마레스 낄롬부(Quilombo dos Palmares)는 라틴아메리카 최대의 흑인노예 공동체로 기록되어 있다. 그리고 콜롬비아의 산 바실리오 빨렝께(Palenque de San Basilio)는 17세기 초 형성되어 오늘날까지 고유의 문화를 유지하고 있는 라틴아메리카 유일의 시마론 공동체로 알려져 있다.

식민의 경험을 통해 순수한 아프리카적 전통은 조각나고 흩어졌으나 아프리카계 후손들은 공동체를 건설하여 낯선 아메리카 땅에서 머나먼 아프리카를 재구성하였다. 빨렝께는 구어전통, 춤 그리고 초자연적인 요소 등 흑인의 경험과 관계를 맺고 있는 문화를 재정립하였다. 이러한 과정을 통해 아프리카에 뿌리를 두고 있는 인종은 흑인 만들기의 역사를 이어왔으며 지배문화에 편입이 아닌 차별화된 정체성을 확립해나갔다.

독립 이후 라틴아메리카 지역 국가 엘리트들은 백인화 이데올로기에 뿌리를 두고 개혁을 추진하였다. 백인 엘리트들에 의해 아프리카계 후손은 사회 최하위층으로 분류되었다. 라틴아메리카 사회는 피부색이 곧 계급을 상징하였으며 피부색의 농도와 사회경제적 지위가 중첩된 계층사회로 발전하였다. 엘리트들은 새로운 공화국 건설 이념으로 프랑스혁명의 자유와 평등사상을 내세우면서도 현실에서는 흑인과 원주민에 대한 배제가 지속되는 식민체제를 유지하였다.

백인 지배 아래 주변부로 전락된 아프리카계 후손들은 인종차별주의의 역사와 맞서 투쟁하였다. 이들은 아프리카계 혈통에 대한 자부심을 원천으로 흑인문화의 독자성과 고유성을 옹호했다. 이러한 주장은 시마론 공동체 빨렝께의 역사적 근거에 기초하고 있다. 아프리카계 후손 엘리트들은 자신의 뿌리와 역사를 확립하여 스스로 흑인 만들기의 역사를 주도하며 인종적 편견과 오류를 반박했다. 이러한 활동은 사회 주류가치 사상과 완전히 다른 급진주의 저항정신의 전통이 되었다.

아프로-라틴아메리카의 정체성은 기억의 공간을 공유하면서 살았던 사람들이 집단적 기억과 오랜 역사적 시간을 통해 형성된 문화와 지적인 동인에 의해 시작되었다. 주류 백인과의 끊임없는 상호작용을 통해 개인의 동일성을 확인하고 나아가 집단의 이해관계의 동일성을 확인하는 과정에서 정체성은 확립되었다. 공동의 공간에서 축적된 독특한 문화적 양상과 그에 따른 삶의 공통성은 정체성 형성에 밑거름이 되었다.

집단기억은 집단을 유지시키며, 기억의 공정성은 집단적으로 집단의 단결 및 존속과 관련을 맺는다. 백인의 억압으로부터 고통받던 아프리카계 후손들은 기억의 장소 빨렝께라는 한정된 공간이지만 자신의 역사를 기억하려고 노력했고, 그 기억은 자신과 과거를 이어주는 기반이 되었다. 문화적 단절 속에서 아프리카계 후손의 공동체가 의지할 수 있었던 것은 구전을 통한 재기억이었다.

라틴아메리카의 흑인의 역사와 문화는 정치적이고 공식적인 사건이나 인물에 관한 것이 아니라 이들의 실제적인 삶의 기록이다. 이들의 일상에서 살아 숨 쉬는 문화와 생활 방식 및 전통에는 아프로-라틴아메리카를 존속시켜주는 힘과 기반이 있다. 그리고 백인 문화에만 존재하는 것으로 간주되었던 가치와 사상이 아프리카계 후손의 문화에도 존재함을 보여준다. 푸코(Michel Foucault)는 자신의 역사를 말이나 문서로 남길 수 없는 사람들의 살아 있는 집단적 기억이 새로운 역사를 구성해낼 수 있는 요소임을 강조하였다. 집단적 기억은 억압받는 사람들의 역사를 밖으로 끌어내어 그들에게 자신의 역사를 되돌려주고자 하는 아래로부터의 역사 혹은 새로운 역사쓰기와 일맥상통한다고 볼 수 있다.

문화적 차원의 기억은 공동체가 자신의 정체성을 안정되게 유지하기 위해 필수불가결한 것이다. 프랑스 사회학자 피에르 노라(Pierre Nora)는 민족적 기억이 구체화된 물질적·비물질적 장소인 기억의 장소에 대해 언급하였다. 그는 집단적이고 문화적인 기억을 실체화하기 위해서는 의미 있는 장소가 요구된다고 설명하며 그 장소에 내제되어 있는 기억의 힘에 대해 강조하였다. 빨렝께는 아프로-라틴아메리카의 기억이 구체화된 기억의 장소로서 아프리카계 후손들의 단절된 관계를 이어주고 새로운 역사를 발견하여 과거와 현재 사이의 연관성을 찾도록 가교역할을 담당하는 것이다.

18세기 라틴아메리카 대부분의 빨렝께들은 식민당국에 의해 해산되거나 인접지역과의 접촉을 통해 문화적 변용을 경험하였다. 시마론 공동체 문화는 거의 소멸되거나, 원주민 문화 그리고 백인 문화와 혼합되었다. 그러나 콜롬비아의 카리브 해 연안에 위치한 빨렝께 데산 바실리오는 아프로-라틴아메리카 고유의 문화와 역사를 이어가며 오늘날까지 생존한 라틴아메리카 유일의 시마론 공동체로 남아 있다.

본 저서는 17세기 건설되어 현재까지 유지되고 있는 빨렝께 데산 바실리오의 역사와 문화를 중심으로 아프로-라틴아메리카 디아스포라의 저항의 역사 그리고 기억의 문화를 재정립하려고 노력하였다. 그동안 라틴아메리카 공식 역사에서 아프리카계 후손의 역사와 문화적 공로는 삭제되거나 왜곡되어왔다. 또한 백인 지배 엘리트의 업적과 명성에 눌려 흑인 엘리트들의 공로는 제대로 부각되지 못했다. 일부 국가에서는 노예제와 식민체제에 저항하며 자유롭고 평등한 사회를 건설하고자 했던 아프리카계 후손들의 집단적 저항이 독립의 밑거름이 되었음에도 불구하고 이들의 공로는 백인 중심의 역사체계 속에 공식적인 흔적을 남기기 어려웠다. 따라서 라틴아메리카 독립사에서 백인의 업적과 명성에 눌려 제대로 부각되지 못했던 흑인 혁명가들의 존재를 돌아보고 이들을 토대로 아프로-라틴아메리카 디아스포라의 역사적 공헌에 대해 재평가하는 기회도 마련하였다.

그동안 한국의 라틴아메리카 지역 연구는 각 부문에 걸쳐 괄목할 만한 성장을 이루었다. 그러나 이러한 연구는 경제규모와 정치적 영향력이 있는 특정 국가에 편중되어 있는 있으며, 전혀 연구가 되지 않은 국가도 다수 존재했다. 특히 아프로-라틴아메리카 연구의 중심 대상지역인 카리브 해 연구는 일부 학자들에 의해 언어 및 문화 부문에서 우수한 성과를 거두기도 했다. 그럼에도 아프로-라틴아메리카의 저항과 기억을 함축하고 있는 빨렝께에 대한 연구는 전무한 실정이다. 빨렝께의 역사와 문화를 기반으로 다양한 인종과 문화가 공존하는 라틴아메리카에 대한 이해의 폭을 넓혀가는 것도 의미 있을 것으로 생각한다.

2017년 6월
차경미

차 례

1부

저항으로서의 역사
: 시마론과 빨렝께

1. 아프로-라틴아메리카 만들기

인종질서

근대 노예무역을 계기로 흑인에 대한 인종적 편견이 시작되었다는 견해는 일반적이다. 그러나 이미 중세 스페인 사회 내면에는 이러한 편견이 자리 잡고 있었다. 유럽적 전통에서 아버지의 벗은 몸을 목격했다는 이유로 저주받은 노아(Noha)의 아들 함(Ham)은 흑인의 아버지로 인식되었다. 이후 함은 흑인에 대한 유럽인들의 노예화와 학대를 정당화하는 구실로 작용했다.

그러나 중세 유럽에서 노예는 흑인이 아니라 슬라브인이었다. 아프리카 흑인과 직접적인 접촉이 없었던 15세기 중반 예술작품과 문학작품은 흑인을 괴물로 혹은 성인이나 영웅으로 묘사하는 경우도 있었다. 7세기 이시도로(Isidoro de Sevilla) 대주교는 흑인의 피부가 검은 이유를 상대적으로 태양에 가깝기 때문이라고 주장하였다. 당시 유럽사회에서 피부색에 따른 인종적 우월에 대한 평가나 인식은 찾아볼 수 없다.

11세기 알모라비데족(Almorávides)의 이베리아 반도 침공을 계기로

이시도로 세비야 주교 동상(스페인국립도서관)

스페인 기독교 사회에 인종적 편견이 자리 잡게 되었다. 흑인으로 구성된 알모라비데족의 이베리아 남부에 대한 지배는 기독교인들에게 종교에 대한 저항감과 함께 흑인에 대한 부정적인 인식을 심어주었다. 중세시대 스페인은 유럽의 다른 국가와는 달리 아프리카 흑인과 지속적인 접촉이 이루어졌다.

스페인 가스띠야(Castilla) 왕국의 알폰소 10세(Alfonso X, 1252~1284년 재위)는 기독교, 무슬림 그리고 유대인이 공존하는 중세 스페인에서 반(反)흑인의 인종적 편견을 드러낸 최초의 문서를 편찬하였다. 『성모마리아 찬가Cantigas de Santa María』는 기독교 문화에 투영되어 있는 흑인의 이미지를 보여주고 있다. 흑인 무슬림을 무어인으로 분류하고 있으며 원칙적으로 무어인은 피부색이 아닌 종교 때문에 비난의 대상이 되었다. 흑인 무어인을 인종적으로 경멸함으로써 종교적 정체성과 인종적 정체성을 결합하였다.

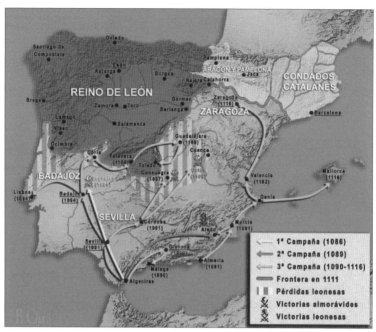

알모라비데 스페인 침공

근대 대서양 노예무역이 시작되기 오래전 이미 스페인 기독교 사회는 종교와 인종적 정체성을 결합한 흑인에 대한 편견이 자리 잡고 있었다. 이교도에 대한 차별을 바탕으로 식민 노예제의 도입과 함께 공고화된 인종주의는 라틴아메리카가 피부색의 농도와 사회경제적 지위가 중첩된 사회로 발전하는 계기가 되었다.

백인의 상상력에 의해 주입된 인종주의의 역사는 아프리카계 후손들의 외적인 고통은 물론 내면까지도 파괴하여 상처 입은 삶의 형태로 살아가게 하였다. 라틴아메리카의 인종주의 질서는 15~16세기 근대 식민주의의 유산으로서 새로운 것과 원시적인 것을 형상화하는 과정에서 공고화되었다. 따라서 피부색에 따른 인종적 편견은 백인 지배계급의 도덕적 문제가 아닌 권력 유지 수단으로 활용되었다.

아프리카인의 노예화

라틴아메리카와 카리브 해 식민화과정에서 원주민은 유럽인에 의해 전해진 병균과 가혹한 노동력에 시달려 멸절되어갔다. 식민정복 사업 추진 과정에서 부족한 노동력을 대체하기 위해 1441년 포르투갈 상인에 의해 노예화된 아프리카인들이 아메리카 대륙으로 유입되었다. 1518년 최초로 노예할당권이 독점 판매되기 시작하여 노예해방이 이루어진 19세기 말까지 약 1,200만 명의 아프리카인이 상품으로 거래되었다. 강제 포획과정에서 희생당한 노예들과 긴 여정의 대서양 횡단 길에서 참혹하게 사라져간 노예의 수를 제외한 추산치인 것이다. 노예들은 모잠비크, 앙골라, 세네갈, 그리고 나이지리아로부터 출발하여 라틴아메리카의 다양한 지역으로 팔려 흩어졌다.

오래전부터 아프리카에서는 전쟁에서 승리한 부족이 패배한 부족을 노예화할 수 있는 전통이 있었다. 그러나 이러한 전통은 단맛에 중독된 유럽인에 의해 인간을 상품으로 거래하는 새로운 형태의 무역으로 활용되었다. 일부 아프리카 왕국은 노예시장에 노예를 공급하는 사업에 참여하여 경제적 이윤을 창출할 수 있었다. 그리고 이러한 왕국과 상업동맹을 맺고 노예무역을 선점했던 영국, 프랑스, 포르투갈 역시 노예무역을 통해 막대한 부를 누렸다.

15세기 아프리카 사회와 경제는 친족과 가족 중심으로 운영되었다. 그리고 한 종족이 다른 종족에 대해 공물을 바치는 체제로 조직되었다. 말리(Mali)와 콩고(Congo) 같은 강력한 왕국이 존재했으며 가문이나 혈통을 기초로 조직된 소규모 촌락도 형성되었다.

아프리카에서 노예화는 오래전부터 내려오는 전통이었다. 부족 간 전쟁에서 패한 부족은 승리한 부족의 노예가 되는 것이 일반적이었다. 전쟁은 부족한 노동력 확보를 위한 주요 수단으로 활용되었다. 가족 및 집단 부양의 원동력인 노동력 확보는 부족의 권위를 상징했으며 동시에 종족 보존 능력을 과시하는 것이었다.

한편, 아프리카 사회에서는 절도, 살인 및 간음에 해당하는 범죄를 행한 자를 포로로 삼거나 납치할 수 있었으며 이들을 교환 및 매매할 수 있었다. 또한 채무자의 신체는 차압이 가능했으며, 가족이 부채를 청산할 경우 채무자는 자유의 몸이 되었다.

일부 사회에서 노예화는 종족의 생존전략으로 활용되기도 했다. 극심한 기아와 가뭄으로 식량이 부족했을 때 종족 구성원 간의 교환이 집단의 생존 유지에 유용한 방식으로 인식되었다. 이와 같은 방식의 노예화는 아프리카 대부분의 지역에서 유사하게 유지되었다.

7~8세기 이슬람 세력의 확장은 새로운 형태의 아프리카인 노예화를 동반하였다. 아랍인들은 정복과정에서 아프리카인들을 이슬람으로 개종시켰고, 개종을 거부하는 사람들은 노예로 삼았다. 이슬람교로 개종한 북아프리카의 베르베르족(Berber)은 사하라 사막 남부 지역 무역로를 횡단하며 이슬람교를 전파하였다. 이들은 이슬람 세력과 함께 9세기 수단을 비롯하여 세네갈, 모로코와 알제리, 리비아, 튀니지와 이집트로 연결된 무역로를 개척하며 노예무역을 주도해나갔다. 650년부터 1800년까지 사하라 사막 횡단 무역에서 약 7백만 명의 아프리카인들이 노예로 포획된 것으로 알려져 있다.

이슬람 세력은 노예화를 종교적 임무라고 여겼다. 노예화는 이교도들을 개종시킬 수 있는 기회였다. 동시에 노예가 된 아프리카인은 개종이 자유인으로 살 수 있는 지름길이라고 믿었다. 그러나 이슬람으로의 개종이 곧 노예 해방을 의미하지는 않았다. 인도, 중국, 서남아시아 등 다양한 지역으로부터 노예가 포획되었으나 아프리카는 아랍인들이 아프리카 북부지역으로 세력을 확장한 이후 주요 노예 공급 대륙으로 변모하였다.

9세기 중반 아랍상인에 의해 아프리카로부터 유입된 노예의 수는 대략 45,000명에 이르렀다. 10세기 초부터 아프리카 흑인 노예 규모는 확대되어 터키인과 슬라브족 출신 노예 규모를 상회하였다. 이후 이집트와 리비아, 튀니지, 알제리 그리고 모로코와 같은 지역에서 징벌형태의 포로와 노예화는 지속되어 흑인 노예 수는 더욱 증가하였다.

대항해시대에 접어들어 유럽 열강들은 경쟁적으로 해외 식민개척에 참여했다. 15세기 유럽의 아프리카 해안 진출은 아프리카 대륙이 국제적인 노동력 수출지역으로 변모하는 계기가 되었다. 스페인과 포르투갈 항해자들은 금과 보물로 가득한 아프리카를 기대하며 해안지역을 탐험하였다. 그러나 상상했던 금과 보석은 만족스러울 만큼 발견되지 않았다. 탐험선은 대신 부를 안겨줄 노예들로 채워졌다.

아프리카 대륙에서는 유럽 열강들이 노예무역을 주도하기 이전부터 이미 노예화 및 노예판매가 형성되었다. 세네갈 강 부근 부족장들은 금, 후추, 동물가죽 및 노예를 거래하는 사하라 사막 횡단 무역을 주도하였다. 이후 15세기 유럽 열강들이 식민지를 개척하는 과정에서 노예무역은 본격적으로 확대되었다.

설탕 그 달콤한 권력

14세기 말 유럽에서는 엘리트를 중심으로 르네상스 시대가 전개되었다. 그러나 더 많은 사람들은 인간의 재발견보다는 미각을 만족시키는 기호식품에 관심을 기울였다. 설탕, 커피, 초콜릿, 차, 향신료와 같은 혀를 자극하는 식품은 실크로드를 통해 베네치아 혹은 제노바에 도착하여 유럽으로 확산되었다.

15세기 말 콜럼버스 항해 이후 아메리카 대륙은 서구 열강의 각축장이 되었다. 광활한 라틴아메리카 대륙은 이미 스페인과 포르투갈이 차지하였고, 영국을 중심으로 서구 열강은 카리브 해 도서지역을 둘러싸고 경쟁하였다. 16세기부터 영국은 가장 치열하게 카리브 해 지역을 점령하였고 가장 넓은 면적의 식민지를 건설하였다. 프랑스

산 펠리페 성(콜롬비아 까르따헤나)

와 네덜란드도 카리브 해 일부 지역을 차지하였다. 그리고 이들은 노예무역을 주도하며 단맛에 중독된 유럽인의 욕구를 충족시켜주었다. 미각을 탐하던 유럽인들의 욕구는 카리브 해와 라틴아메리카 지역을 세계 자본주의 중심지로 변모시켰다.

사탕수수는 고대 뉴기니에서 처음 재배되기 시작했다. 이후 필리핀과 인도로 전파되었으며 인도네시아까지 확산되었다. 그리고 사탕수수는 7세기 유럽에서 팽창하는 아랍세력에 의해 지중해 연변 키프러스, 시칠리아, 몰타 및 스페인의 그라나다 지방으로 전해졌다. 남부 유럽인들에게 단맛을 전해준 것은 이슬람세력이었다. 설탕은 오랜 세월 동안 지중해 저지대로부터 북아프리카 중동지역 그리고 유럽으로 공급되었다.

1493년 사탕수수는 콜럼버스에 의해 대서양을 건너 아메리카로 운반되었다. 이후 아메리카 대륙은 세계시장을 겨냥한 거대한 설탕 생산지로 변모하였다. 설탕산업의 중심지는 지중해에서 마데이라 카나리아 제도 상투메들을 포함하여 스페인과 포르투갈의 아메리카 식민지로 대체되었다. 지중해에서 설탕산업이 쇠퇴할 시기 유럽에서 설탕에 대한 욕구는 커지기 시작했다. 지중해 설탕산업의 쇠퇴는 대서양 제도에서 설탕산업의 전개와 함께 라틴아메리카 식민지에서 설탕을 둘러싼 유럽열강들의 경쟁을 가속화하였다. 설탕은 라틴아메리카와 카리브 해 지역을 보다 넓은 세계와 뒤얽히게 만들었다.

사탕수수는 스페인 카나리아제도에서 라틴아메리카로 유입되었으며 1516년경 식민권력에 의해 도미니카공화국의 수도 산또도밍고(Santo Domingo)에서 처음으로 재배되기 시작하였다. 설탕산업은 흑인 노예 노동력을 바탕으로 발전하였다. 아메리카에서 최초로 사탕수수를 재배하고, 아프리카 노예 노동력을 이용하여 농장을 만들어

사탕수수(콜롬비아 카리브해 연안 신세린)

설탕을 제조한 것은 스페인 정복자들이었다. 스페인이 정복하기 이전 설탕은 카리브 해 지역의 주요 생산품은 아니었다.

스페인 식민권력의 사탕수수 재배와 설탕제조는 많은 난관에 봉착했다. 설탕제조를 위한 기술은 준비되어 있지 않았고, 더욱이 노동력 부족은 매우 심각한 문제였다. 정복 과정에서 산또 도밍고 원주민 공동체는 파괴되었다. 광산에 제공될 노동력도 부족한 상황에서 사탕수수 재배에 공급될 인력은 충분하지 않았다. 그 결과 1503년 최초로 아프리카 노예가 수입되었다. 1509년 노예 노동력은 광산에 집중되었으나 이후 수입된 노동력은 설탕생산을 위해 우선적으로 제공되었다.

16세기 말부터 라틴아메리카와 카리브 해 지역은 세계 설탕산업을 주도해나갔다. 특히 브라질, 쿠바, 아이티 그리고 푸에르토리코를 점령한 스페인, 포르투갈, 프랑스, 영국 식민권력은 단맛을 탐하던 유럽인들의 욕구를 충족시키기 위해 더 많은 사탕수수 농장과 더 많은 노예를 확보해야만 했다. 유럽이 군사력과 경제적 주도권을 바탕으로 영토를 확장하던 시기와 때를 같이하여 인간은 단맛에 길들여지기 시작했다. 그리고 설탕은 인간의 욕망을 충족시켜주는 가장 중요한 자원이 되었다. 사탕수수로 인해 아프리카인들이 아메리카로 유입되었으며 계약노동자로 자바인, 중국인, 인도인 그리고 수많은 인종이 라틴아메리카에 정착하였다.

15세기 말부터 서구 열강들이 세계시장을 장악하기 위해 재배하기 시작한 작물은 담배였다. 담배는 상류층의 호사품이었으나 17세기 평민들의 소비품으로 확산되었다. 영국과 프랑스령 카리브 해 지역은 이미 설탕 재배가 담배 재배를 앞지르기 시작했다. 18세기 커피와 초콜릿이 대중적으로 유행하자 유럽의 설탕소비량은 세 배로 증가하였다. 세계 설탕생산은 500년 동안 아이티 혁명으로 인한 단 10여 년을 제외하고 한 번도 감소된 적이 없었다.

자본주의 기업형 제당소로 채워진 카리브 해는 검은빛으로 물들어갔다. 그리고 노예의 탄식은 숨 가쁘게 돌아가는 압축기의 소음과 마요르도모(Mayordomo)로 불리는 십장의 채찍소리에 묻혀 400년 동안 허공을 맴돌았다. 푸에르토리코의 산타 이사벨(Santa Isabel) 지역은 온통 사탕수수로 채워졌지만, 부드럽고 하얀 설탕은 타지 사람들을 위한 것이었다. 타지 사람들의 욕구는 아프리카인의 땀과 눈물로 채워졌다. 쌉싸름하고 거친 단맛으로 배고픔을 대신할 수 있었던 녹회즙의 과라포(Guarapo)만이 노예들에게 선물로 주어졌다. 유럽의 자본과 아메리카의 광활한 영토 그리고 아프리카인의 노동이 결합되어 인간의 혀끝은 점점 더 달콤함에 길들여져갔다.

악마의 콩 커피

커피는 17세기 영국을 통해 아메리카에 소개되었으며 카리브 해 영국과 네덜란드 식민지 자메이카, 수리남에서 재배되기 시작하였다. 이후 18세기 예수회 선교사들에 의해 라틴아메리카로 확산되어 오늘에 이르렀다. 커피는 오늘날 석유 다음으로 세계에서 가장 중요한 교류 상품이다. 그리고 라틴아메리카는 세계 커피생산량의 65%를 차지하는 커피대륙으로 성장하였다. 커피 역시 원주민과 흑인 노예들의 노동력에 의존하여 재배되었다.

커피는 14세기 에디오피아의 한 양치기 소년 칼디(Caldi)에 의해 세상에 알려졌다. 소년으로부터 빨간 열매를 건네받은 마을 족장은 열매를 갈아 떡으로 만들어 전쟁에 나가는 병사들에게 비상식량으로 제공하였다. 유럽으로 세력을 확장하던 이슬람 세력이 피레네 산맥을 넘어 아프리카까지 영토를 팽창하였고 이러한 과정에서 빨간 열매는 이슬람 세계에 소개되었다.

15세기 중동 부근으로 확산된 커피는 라마단 기간 동안 금식과 금주로 잠을 견디며 성스럽게 보내야 하는 이슬람 성직자들에게 신비의 묘약으로 통했다. 이슬람 성직자들은 열매를 볶아 갈아서 음료수로 마셨고 이것을 활력제를 의미하는 '카와(Kawa)'라로 불렀다. 커피의 어원은 이렇게 시작되었다. 커피는 터키를 거쳐 17세기 유럽으로 확산되었다.

콘스탄티노플(지금의 이스탄블)에서 세계 최초의 커피 하우스가 등장하였다. 이후 1645년 베니스, 1652년 런던, 그리고 1671년 프랑스 마르세이유와 독일 함부르크 등 유럽 각지에서 커피 하우스가 문을 열었다. 커피 하우스는 지식인들의 사교 및 지적 교류뿐만 아니라 정

콜롬비아 커피 재배지 안띠오끼아

치를 논하는 현실의 장으로 활용되었다.

체제를 비판하는 지식인들이 증가함에 따라 영국 왕실은 커피 하우스 폐쇄 명령을 내렸다. 그러나 이것은 지식인의 반발과 함께 커피가 사회적으로 확산되는 계기가 되었다. 독일에서는 커피가 도입된 이후 지주와 프로테스탄트 간의 오랜 갈등이 지속되었다. 커피는 지주에게 황금알을 낳는 거위였으며, 프로테스탄트에게는 이슬람 이교도로부터 유입된 악마의 콩이었다.

커피는 아시엔다(Hacienda) 대농장에서 원주민과 흑인 노예의 노동력으로 재배되었다. 커피로 생활이 윤택해진 백인 지주들은 자신의 일상 속에 유럽을 끌어들이기 시작했다. 라틴아메리카에서 탄생했다는 이유만으로 식민 모국 스페인으로부터 서자 취급을 받아왔던 끄리오요(크레올)들은 유럽풍의 레스토랑에서 커피를 즐기며 유럽

과테말라
안띠구아
커피

콜롬비아
커피 재배지
농부

인의 삶을 모방하였다.

　커피 농장에서 일하는 원주민과 흑인은 주인의 강요로 하얀 와이셔츠와 하얀 레이스의 넓은 치마를 작업복으로 착용했다. 출생의 열등감을 가지고 있었던 백인 지주들에 의해 과테말라의 안띠구아, 코스타리카의 따라수, 브라질의 산또스, 페루의 친차마요 계곡, 그리고 콜롬비아 안띠오끼아 커피 재배지에서 흰 블라우스와 와이셔츠는 전통복장으로 발전하였다.

2. 시마론과 빨렝께 형성

자유를 찾아 날아간 화살 '시마론'

식민지시대 노예제도는 흑인들에 대한 억압의 역사를 창조했다. 식민노예제의 도입과 함께 발전한 인종주의는 라틴아메리카가 피부색의 농도와 사회경제적 지위가 중첩된 사회로 발전하는 계기가 되었다. 라틴아메리카의 인종주의는 15~16세기 근대식민주의의 유산으로서 새로운 것 그리고 원시적인 것과 동일하게 인식될 수 있는 타자를 형상화하는 과정에서 공고화되었다. 따라서 피부색에 따른 편견은 백인 엘리트의 도덕적 문제가 아닌 권력유지 수단으로 활용되었다.

시간이 지남에 따라 아프로-라틴아메리칸은 다양한 형태로 분류되었다. 노예로 매매된 흑인과 자유민으로서의 흑인이 존재했다. 노예화된 흑인은 상품으로 취급되었으며, 노예소유 규모는 귀족과 평민을 나누는 기준이 되기도 했다.

자유민으로서 흑인은 일정한 대가를 지불하고 자유를 매매하거나 혹은 주인에 의해 자유가 허용된 사람들이었다. 이들은 농장에서 수확한 식량의 일정량을 차지할 수 있었고, 할당된 몫의 일부분은 축적할 수도 있었다. 또한 축적된 재원으로 부인과 자녀의 자유를 구매하기도 했다. 이들과 함께 노예제에 저항하며 도주한 흑인 노예들과 이들을 색출하는 노예사냥꾼으로서의 흑인이 존재했다.

식민시대 도주한 흑인 노예를 시마론(Cimarron)이라고 불렀다. 시마론은 카리브 해 앤틸리스 제도의 원주민 말로 "자유를 찾아 날아가는 화살"이란 의미를 가지고 있다. 그러나 스페인 정복자들은 "산으로 도망간 황소"라는 의미로 도주한 흑인 노예를 시마론이라고 불렀다. 라틴아메리카의 대표적인 지성 갈레아노(Eduardo Galeano)는 시마론을 "식민시대의 고름덩어리"라고 표현했다. 썩은 식민체제의 역겨운 상처의 결과가 시마론인 것이다.

1502년을 시작으로 19세기 초까지 6천만 명의 아프리카인이 노예로 아메리카에 도착했다. 이들은 아따우데스(Ataúdes) 혹은 뚬베이로스(Tumbeiros)로 불리는 전문 노예 수색대에 의해 아메리카로 팔려 와 각 지역으로 흩어졌다.

아메리카로 팔려 온 대부분의 아프리카 노예들은 종족 간 전쟁에서 포로가 된 사람들이었다. 노예무역 과정에서 식민권력은 동일언어를 바탕으로 강한 문화적 유대감을 유지하고 있는 종족의 집단적 거래를 피하였다. 정서적으로 연대하여 저항할 수 있기 때문에 노예무역은 서로 다른 지역에서 서로 다른 언어를 사용하는 다양한 종족을 대상으로 운영되었다.

16세기와 17세기 노예무역을 주도하던 포르투갈 범선은 한 번에 500여 명을 운송하였다. 19세기 노예운송에 증기선이 이용되어 운송시간이 단축되었고 배 한 척당 평균 350여 명의 노예가 운반되었다고 한다. 대서양을 횡단하던 노예의 20%는 질병과 탈진 그리고 혹독

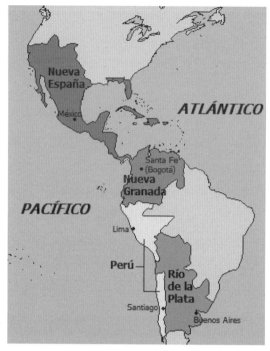

스페인 식민 부왕령

한 매질을 견디지 못해 사라져갔다.

16세기 식민시대 스페인 부왕령인 누에바 그라나다(Nueva Granada)에는 아프리카의 다양한 지역으로부터 포획되어 팔려 온 흑인들이 원주민과 함께 식민 정복사업에 동원되었다. 누에바 그라나다 부왕령은 현재 콜롬비아, 베네수엘라, 에콰도르, 파나마 그리고 페루의 일부 영토가 포함된다. 1528년 10월 12일 스페인 왕실은 현재 도미니카공화국의 수도 산또도밍고(Santo Domingo)에서 흑인 노예 노동과 관련된 법을 마련했다. 식민세력은 이러한 규정을 통해 합법적으로 흑인 노예 노동력을 식민경제 유지를 위한 도구로 사용했다.

노예들에 대한 체벌과 학대는 필수적이었다. 주인은 규율을 어기는 노예의 코와 귀를 잘랐다. 불로 온몸에 고문도 가했다. 법은 노예의 노동시간을 "먼동이 트고 해가 질 때까지"로 규정하며 주인의 체벌과 노동 강요를 정당화했다.

　흑인 노예노동의 중심지였던 카리브 해 제당공장의 노예들은 사탕수수밭에서 해가 뜨기 전 노동을 시작하여 늦은 밤까지 고된 시간을 보내야만 했다. 아침 5시경 농장 감독자의 기상나팔을 듣고 모여 지시사항에 따랐다. 보통 10명에서 15명씩 노예들은 짝을 지어 노동하였다.

　커피농장에서 노예들도 역시 감독자의 감시하에 하루 평균 15~18시간 중노동에 시달렸다. 아침으로 콩죽과 옥수수 가루가 제공되었다. 노예들에게 제공된 식량을 늘 부족했고 맛도 없었다. 노동을 마치고 숙소로 돌아와 이튿날 식량을 위해 휴식 없이 유까(Yuca) 혹은 만디오까(Madioca)라 불리는 작물을 재배하거나 옥수수 가루를 준비해야만 했다.

　노예들은 여가시간을 이용하여 사냥과 낚시로 부족한 식량을 충당할 수 있었다. 그리고 밭을 경작하여 식량을 조달할 수 있었다. 광

유까와 옥수수 돼지고기 스프(도미니카공화국 산또도밍고)

산지역의 경우 노예들은 야채밭을 경작하거나 돼지, 닭 등을 사육하였다.

식민경제가 확대되던 17세기 패트런적 권위하에 중세 봉건영지와 유사한 하나의 폐쇄적 단위인 아시엔다(Hacienda)가 발전했다. 라틴아메리카 대부분의 토지를 점령한 스페인은 17세기 흑인 노예 노동력을 바탕으로 토지개발에 주력하였다. 이러한 과정에서 토지집중이 가속화됨에 따라 대농장 아시엔다가 형성되었다.

아시엔다는 대토지소유제를 바탕으로 수출용 상품 작물을 재배하는 근대적 농업경영과 함께 발전되었다. 식민 경제의 가장 중요한 경제적 가치였던 원주민 노동력으로 경영되었으며, 노동력의 이용형태는 거의 노예제와 유사했다. 아시엔다는 노예 노동력을 바탕으로 플랜테이션 작물 등 환금작물을 생산하였다. 노예 노동력을 기초로 발전한 아시엔다의 확장은 도주한 흑인 노예 시마론의 증가를 동반했다.

식민시기 가장 잔혹한 체벌이 가해졌던 대상은 시마론이었다. 노예사냥꾼에게 체포되어 돌아온 시마론은 오전 내내 주인이 가하는 채찍을 견뎌야 했다. 채찍이 끝나면 주인은 다른 노예들이 볼 수 있는 곳에 시마론을 공중에 매달아 가혹한 고문을 계속했다.

시마론뿐만 아니라 주인의 지시를 여긴 노예에게 4일간 50대씩의 매질이 가해졌다. 만약 농장으로부터 1레구아 밖을 벗어나면 도주로 간주하여 고문하였다. 2리브라 무게에 해당하는 쇠 신발을 착용하고서서 두 달간 매일 100대의 매질을 견뎌야 했다. 도주가 처음인 노예는 100대의 매질이 그리고 두 번째 도주를 시도한 노예에게는 200대의 채찍이 주어졌다. 이와 함께 넉 달 동안 2리브라 무게의 쇠 신발을 족쇄로 착용해야만 했다.

도주에 성공한 시마론은 근접이 어려운 계곡과 협곡에 자신들의 공동체 빨렝께(Palenque)를 건설했다. 시마론은 빨렝께를 통해 집단적 정체성을 확립하고 식민권력에 대한 무력공격을 감행하여 조직적인 반(反)식민 저항활동을 주도해나갔다.

시마론은 외부세계와의 단절을 선택하고 내부의 통일성과 협력을 강조하며 조직적으로 노예들의 도주를 지원하였다. 때로는 플랜테이션 농장에 직접적인 공격을 감행하였다. 이러한 시마론의 저항은 식민정부가 도주한 흑인 노예에 대하여 가혹한 처벌 규정을 마련한 것과 함께 빨렝께 해체를 가속화하는 계기가 되었다.

그러나 빨렝께 건설과 시마론의 활동은 쇠퇴하지 않았다. 17세기 말 빨렝께는 2배로 증가하였고 18세기 시마론의 저항은 확산되어 쿠바, 브라질, 콜롬비아, 멕시코, 에콰도르, 자메이카 및 수리남 등 주요 카리브 해 지역 식민정부는 시마론의 공동체 빨렝께를 자유지역으로 인정할 수밖에 없었다.

노예에 대한 식민세력의 폭력은 시마론의 양적 팽창을 초래했다. 흑인 노예들의 도주는 단지 주인의 학대를 피하는 수단만은 아니었다. 도주는 식민권력에 대한 노예들의 집단적 저항이었으며 새로운 사회건설의 토대였다. 식민정부는 시마론이 증가하자 이들에 대한 전문수색을 담당하는 노예사냥꾼을 조직하여 시마론과 빨렝께 해체에 주력했다.

역사적 기록을 통해 남겨진 최초의 시마론 반란은 사탕수수 농장이 밀집되어 있는 콜롬비아의 카리브 연안도시 산따마르따(Santa Marta)에서 발생했다. 이 도시는 1530년 노예의 반란으로 건설된 지 5년 만에 파괴되었다. 이듬해 재건되었으나 1550년 노예들의 봉기는 다시 시작되었다.

시마론들은 라마다 빨렝께(Ramada Palenque)를 건설하여 집단적으로 저항했다. 1529년 라마다 빨렝께 형성을 시작으로 1534년 남미 노예무역의 중심지였던 까르따헤나(Cartagena)에서는 시마론의 왕으로 불리던 벵코스(Benkos Biojo)가 최대 조직력을 갖춘 라 마뚜나 빨렝께(la Matuna Palenque)를 건설하였다. 1600년 벵코스의 지휘 아래 조직적인 시마론의 활동은 사탕수수 농장과 광산이 밀집된 지역을 중심으로 전개되었다. 1619년 까르따헤나 지역 시마론들은 자유를 선언하고 토지쟁취를 위한 투쟁을 전개했다. 이를 계기로 시마론의 저항과 빨렝께 형성은 급격하게 확산되었다.

16세기 말 콜롬비아 안띠오끼아(Antioquia)에 위치한 사라고사(Zaragoza) 광산에는 금 생산을 위한 대량의 흑인 노예가 유입되었다. 콜롬비아에 도착한 아프리카인들은 인근 도시 산따마르따, 산따 훼(Santa Fe), 안띠오끼아, 깔리(Cali), 뽀빠얀(Popayán), 초꼬(Chocó), 막델라나 강(Rio de Magdalena) 유역과 까우까(Cauca) 등 행정과 경제중심지로 이동하여 사탕수수 농장과 광산에 노동력을 제공했다.

금 생산에 대한 식민정부의 과도한 집중은 노예반란의 원인이 되었다. 광산의 험난한 산악지형은 노예들의 도주에 최적의 조건이 되었다. 1598년 광산을 점령한 노예들은 무력항쟁을 전개했다. 반란은 식민정부에 의해 통제되었으나 이 사건을 계기로 식민당국은 노예제 폐지에 대해 정책적인 고려를 하게 되었다.

1607년 당시 주요 금 생산지였던 콜롬비아의 레메디오스(Nuestra Señora de los Remedios) 지역에서 급격한 사회경제적 변화를 동반할 수 있는 노예 반란이 발생했다. 금 생산을 위해 노예무역의 중심지 까르따헤나로부터 많은 노예들이 레메디오스 광산으로 이동했다. 1599년 당시 광산지역에서는 20명의 스페인 지배자에게 각각 2천 명의

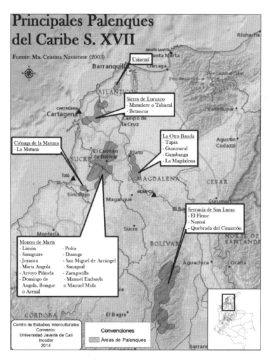

스페인 식민 부왕령

출처: Esclavitud. Cimarrones. Palenques. Raza negra. Libertad. Movilización. Resistencia.
Levantamientos. San Basilio. Independencia. Abolición: Cimarrones y Palenques

노예가 배정되었다.

　이듬해 노예 규모는 축소되었으나, 봉기가 발생했을 당시에는 이
와 유사한 규모의 노예가 광산주에게 공급되었다. 금에 대한 식민세
력의 집착은 광산지역 노예들의 봉기로 이어졌다. 노예들의 반란으
로 광산 채굴작업은 중단되었고 다른 지역과 교통두절로 인한 경제
적 혼란이 야기되었다. 산악으로 형성된 광산의 지리적 조건은 노예
들의 도주에 용이하게 작용하였다. 집단적으로 도주한 노예들은 조
직적 저항운동을 전개하며 식민지배세력에 맞섰다.

레메디오스에서 도주한 노예들은 시마론의 왕 벵코스가 중심이
된 라 마뚜나 빨렝께 건설에 동참하였다. 식민정부는 노예사냥꾼을
동원하여 빨렝께 해체와 시마론 수색에 전력투구했다. 그러나 빨렝
께에 대한 추적과 감시는 쉽지 않았다. 대부분의 공동체는 습지와 험
준한 산길에 건설되어 진입이 불가능한 상태였다. 도주한 노예에 대
한 정부의 감시와 수색은 강화되었으나 시마론과 빨렝께의 확산과
성장은 쇠퇴하지 않았다.

식민노예제에 대한 흑인 노예들의 저항이 폭동과 반란만으로 표
출된 것은 아니다. 파업 및 노동시간 단축을 위한 꾀병, 농장주 가족
독살 및 주인명령 불복종 등 일상생활과 노동현장에서 소극적인 방
식의 저항은 지속적으로 표출되었다.

식민시기 콜롬비아의 주요 빨렝께(콜롬비아)

년도	빨렝께 이름	지역
1529	라 라마다(La Ramada)	산따마르따(Santa Marta)
1530	산 미겔(San Miguel)	파나마(Panamá)
1531	레이 바야모(Rey Bayamo)	파나마(Panamá)
1532	네치(Nechí)	까우까(Cauca)
1533	우레(Uré)	꼬르도바(Córdoba)
1534	라 마뚜나(La Matuna)	까르따헤나(Cartagena)
1535	리몬(Limón)	몬떼스 데 마리아(Montes de María)

1679	라 라마다(La Ramada)	네바다 산맥(Sierra Nevada)
1684	산 미겔(San Miguel)	똘루(Tolú)
1693	따까발(Tabacal)	루루아꼬 산맥(Sierra de Luruaco)
1694	도밍고 끄리오요(Domingo Criollo) 뻬드로 미나(Pedro Mina)	볼리바르(Bolívar)
1694	산 뻬드로(San Pedro)	산 루까스 산악(Serranía de San Lucas)
1703	산따끄루스 데 마싱가 (Santa Cruz de Masinga)	바예 데 두빠르(Valle de Upar)
1713	산 바실리오(San Basilio)	까르따헤나(Cartagena)
1713	과야발(Guayabal)	꾼디나마르까(Cundinamarca)
1732	엘 까스띠오(El Castillo) 엘 까스띠고(El Castigo)	바예 데 빠띠야(Valle de Patía) 리오 빠띠야(Río Patía)
1758	라 마띠나(La Matina)	꾼디나마르까(Cundinamarca)
1777	산 하신또(San Jacinto)	안띠오끼아의 과르네 (Guarne, Antioquia)
1778	라데라스 이 과마날(Laderas y Guamanal)	뽀빠얀(Popayán)
1781	노비따(Nóvita)	초꼬(Chocó)
1799	산 바르똘로메(San Bartolomé)	몸뽁스(Mompox)

출처: Esclavitud. Cimarrones. Palenques. Raza negra. Libertad. Movilización.
Resistencia. Levantamientos. San Basilio. Independencia. Abolición: Cimarrones y
Palenques 재구성

시마론의 공동체 빨렝께

식민경제가 확대되던 17세기 라틴아메리카 대부분 지역에서 빨렝께(Palenque), 낄롬부(Quilombo), 맘비세스(Mambices), 꿈베스(Cumbes), 라데이라스(Ladeiras)와 같은 다양한 명칭으로 불리던 시마론(Cimarron) 공동체가 존재했다. 아시엔다로부터 탈출한 시마론은 이러한 공동체를 건설하여 반(反)식민운동을 전개했다.

시마론 공동체 중 브라질의 빨마레스 낄롬부(Quilombo dos Palmares)는 라틴아메리카 최대의 공동체로 알려져 있다. 그리고 콜롬비아의 산 바실리오 빨렝께(Palenque de San Basilio)는 17세기 초 형성되어 오늘날까지 고유의 문화를 유지하며 생존한 라틴아메리카 유일의 빨렝께로 유네스코 인류문화유산으로 등재되어 있다.

브라질 북동부 지역에 형성된 라 빨마레스 낄롬부는 1695년 포르투갈 원정대에 의해 파괴될 때까지 70년간 유지되었다. 빨마레스는 17세기 아프리카에서 형성된 부족국가의 형태와 유사했으며 중앙집권적인 리더십에 따른 정치체제를 유지했다. 낄롬부는 왕을 중심으로 중앙집권적인 체제가 확립되었다.

왕은 지방 지도자들의 집회에서 선출되었으며 절대적 권력을 누렸다. 왕은 아프리카에서 엘리트 신분을 유지했던 조상의 후손으로 인접 부족과의 전투에서 패하여 노예로 아메리카에 팔려 온 사람들이었다. 낄롬부는 평등사회 건설을 지향했지만 군주정치형태 혹은 인척을 중심으로 한 사회체계를 확립하여 엘리트들의 특권과 계급이 유지되었다.

낄롬부에서 여성은 공동체와 도주노예를 보호하고 또한 무기경비 및 노예들의 피해사례에 대한 정보를 수집 제공하는 역할을 담당했

시마론 왕 벵코스 비오호 동상
(빨렝께 데 산 바실리오)

다. 당시 일부 기록에 의하면 낄롬부에서 여성의 역할이 중요하게 부
각되는데 여왕이 존재했다고도 한다. 강가 줌바(Ganga Zumba) 왕의
경우 3명의 부인을 거느렸다는 기록에서 알 수 있듯이 부부의 결합
은 일부다처제로 규정하지 않았다.

한편, 1633년 콜롬비아의 마리아 산맥(Sierras de María) 부근에는
시마론 네그라 레오노르(la Negra Leonor)가 건설한 빨렝께가 등장
했다. 그리고 1694년 도밍고 끄리오요(Domingo Criollo)와 뻬드로 미
나(Pedro Mina)가 빨렝께를 형성했다. 1684년 꼴로소와 띠부 산악
(Montañas de Coloso y Tibú) 지역의 빨렝께는 도밍고 끄리오요(Domingo
Criollo)에 의해 탄생했다. 1693년 루루아꼬 산맥(Sierras de Luruaco) 지
역은 도밍고 빠디야(Domingo Padilla)와 프란시스꼬 아라라(Francisco
Arará)가 시마론 공동체를 형성했다. 1694년 산 루까스 산맥(Serranía

시마론 후손(빨렝께 데 산 바실리오)

de San Lucas) 부근에는 시마론 지도자 환 부룬(Juan Brun)과 꾸나바 노로시(Cunaba Norosí)의 지휘 아래 빨렝께가 건설되었다.

시마론은 빨렝께를 형성하여 다양한 정치, 사회활동뿐만 아니라 혁명 및 인종에 대한 조직적인 저항활동을 시작했다. 아프리카의 전통과 이산적 정체성 확립을 바탕으로 독창적인 사회조직과 문화를 재창조하여 백인 식민권력의 인종적 편견에 대한 집단적 저항을 실천했다. 시마론과 그들의 공동체 빨렝께는 급진주의 저항운동 전통의 토대가 되었다.

17세기 말 빨렝께는 2배로 증가했고 18세기 전 기간 동안 시마론의 저항은 콜롬비아와 브라질을 중심으로 쿠바, 멕시코, 에콰도르, 자메이카 그리고 수리남으로 확산되었다. 이를 계기로 스페인 식민정부는 시마론 공동체의 영토와 자유를 인정하기 시작했다. 빨렝께는 식민체제하에서 자유와 독립을 위해 저항한 아프로-라틴아메리카 디아스포라의 위대한 유산이라고 볼 수 있다.

1706년 안띠오끼아 지역에서는 마리니야(Marinilla), 리오네그로(Rionegro) 그리고 히라도라(Giradora) 빨렝께가 등장했다. 초꼬(Chocó) 지역의 따도(Tadó) 빨렝께는 1728년에 건설되었다. 1731년 꾼디나마르까(Cundinamarca) 지역의 과야발(Guayabal), 시끼마(Síquima) 빨렝께 그리고 1758년 토까이마(Tocaima) 빨렝께가 등장했다. 1772년 빠블로(Pablo) 지휘의 유루망끼 강(Río Yurumangui) 부근과 깔리(Cali)에 형성된 빨렝께, 1785년 엘 네그로 뿌루덴시오(el Negro Prudencio)의 까르따고(Cartago)와 세리또스(Cerritos) 빨렝께 그리고 1891년 사이하 강(Río Saija) 부근에 형성된 빨렝께는 식민정부에게 심각한 위협이 되었다.

콜롬비아 카리브 해 중심도시 까르따헤나에 위치한 산 바실리오 빨렝께는 인근 지역에 형성되었던 라 라마다 그리고 라 마뚜나 빨렝께와 유기적인 관계를 맺고 있었으나 각각 독립된 형태의 공동체로서 기능했다. 역시 왕이 존재했으나 마-과그로(Ma-Kuagro)라는 연령체계를 바탕으로 한 사회조직체를 발전시켜나갔다.

아프리카를 포함하여 중앙집권 체제를 형성하지 못한 사회에서는 연령체계를 바탕으로 사회조직 체계를 확립하여 사회적 관계와 위계질서 그리고 연령에 따른 권위를 인정했다. 연령에 기초하여 권리와 의무를 규정하고, 마-과그로를 통해 공동체의 가치를 통합하여 소속감을 향상시켰다. 현재에도 산 바실리오 빨렝께는 마-과그로를 통해 연장자나 조상으로부터 물려받은 도덕과 가치를 전승해오고 있다.

산 바실리오 빨렝께에서 남녀의 역할은 생물학적인 성에 기초하여 분담되었고, 여성에 대한 남성의 지배구조가 유지되었다. 낄롬부와 빨렝께 공동체는 인종적 차별은 없었으나 아프리카 사회의 전통에 따라 도둑질과 살인은 사형으로 엄하게 다스렸다. 왕의 허락 없이 이웃 농장 아시엔다를 침입했을 경우 노예가 되었다.

빨마레스 낄롬부는 전문적인 플랜테이션 농작물을 재배했다. 주민은 식민농장에서 경험한 고구마, 마디오카, 옥수수 재배를 응용하여 경작했다. 이와 달리 산 바실리오 빨렝께의 경제는 목축업을 중심으로 발전했다. 유목민으로서 아프리카 조상들이 축적한 지식이 구전을 통해 전해져 실생활에 적용되었다. 낄롬부와 빨렝께 공동체의 노동과 생산은 공동으로 운영되었으며 토지도 집단소유체제가 유지되었다. 평등에 입각하여 의식주를 분배하고 사회행동 및 도덕 그리고 노동도 공동으로 분배했다.

식민당국의 지속적인 공격으로 특히 도시 주변에 위치한 낄롬부와 빨렝께는 주기적으로 이동해야 했고, 이들의 관습과 제도는 정착

빨렝께 데 산 바실리오 목축업

하기 어려웠다. 초기와는 달리 끄리오요 시마론들에 의해 형성된 낄롬부에는 왕 체제가 유지되지 않았다. 지도자는 꼬로넬(Coronel) 혹은 까삐딴(Capitan) 등 군사체계를 바탕으로 계급체계가 확립되었다. 끄리오요 시마론은 이미 직접적인 아프리카인이 아니었기 때문에 새로운 체계와 문화를 확립해나갔다. 낄롬부는 도주노예에 의해 건설되었지만 탈주병, 병역 기피자, 상인, 모험가 그리고 원주민 등 다인종 복합공동체로 발전했다.

  18세기 설탕을 중심으로 한 플랜테이션 농업의 성장과 함께 아프리카에 뿌리를 두고 있는 인종의 저항 공간은 확장되었다. 해방노예는 아프리카계 후손 중 엘리트였다. 농장주에 대항하여 노예반란을 주도한 세력이었으며 자유인으로서 식민정부에 대한 정보를 수집하고 도주노예들의 은신처를 제공했다.

또한 도시와 농촌의 도주노예를 연결하는 가교역할을 담당했다. 대부분의 시마론 공동체는 보호된 장소에 위치했지만 아시엔다와 도시 인근에 위치한 공동체는 정부의 감시와 공격에 시달렸다. 물론 고립된 지역에 형성된 공동체에 관한 기록이 있는 것은 사실이지만, 인류학자들의 의견에 따르면 특히 낄롬부는 대부분 다른 사회 공동체와 유기적 관계를 맺고 있었다.

이세훼(Reciefe), 올린다(Olinda), 살바도르(Salvador), 상 빠울로(Sao Paulo) 그리고 뽀르또 알레그레(Porto Alegre) 부근에 형성되었던 낄롬부들은 이러한 사실을 증명해준다. 19세기 낄롬부와 빨렝께 주민은 이미 시마론과 자유흑인 그리고 혼혈인과 백인의 친인척관계가 형성되었고 외부와 경제적 교류도 활발했다. 이들은 도시로 잠입하여 아시엔다를 공격했고 공동체 병력증강을 위해 징병을 하거나 혹은 농장의 노예를 납치하기도 했다.

18세기 라틴아메리카 대부분의 빨렝께들은 식민당국에 의해 해산되거나 인접 지역과의 접촉을 통해 문화적 변용을 경험했다. 이러한 빨렝께 중 콜롬비아의 빨렝께 데 산 바실리오는 자신들의 고유문화와 정체성을 보전하며 오늘날까지 생존하고 있는 유일한 흑인 시마론 후손들의 공동체로 알려져 있다. 빨렝께 데 산 바실리오는 라틴아메리카 시마론들의 저항의 역사적 공간으로서뿐만 아니라, 아프리카에 대한 먼 기억의 파편들을 모아 아프로아메리카 디아스포라의 독창적인 문화를 새롭게 재창조한 집단적 기억의 공간인 것이다.

라틴아메리카의 시마론 공동체 문화가 거의 소멸되거나, 원주민 문화와 수입된 문화 그리고 정복자의 지위를 갖춘 백인 문화와 혼합된 것에 반해, 빨렝께 데 산 바실리오는 시마론 후손 공동체로서 노예제 폐지를 위해 투쟁한 아프로아메리카 디아스포라의 역사와 삶을 이어가는 유일한 곳으로 남아 있다.

이와 같이 식민시기 시마론은 공동체를 형성하여 인간으로서 존엄성 회복을 위해 자신의 문화에 가치를 부여하며 반(反)식민운동을 전개했다. 콜롬비아와 베네수엘라 등 일부 국가에서 자유롭고 평등한 사회를 건설하고자 했던 시마론의 집단적 저항은 독립과 새로운 국가건설에 밑거름이 되었다.

시마론의 이러한 반식민운동의 역사는 아프리카계 후손들이 단절된 과거와의 연결점을 찾아 정체성을 확립하고 이를 바탕으로 집단적 연대감을 이끌어내는 중요한 요소로 작용했다. 그리고 시마론의 저항의 역사는 아프리카에 뿌리를 둔 인종을 야만시하던 지배이데올로기에 맞서 지배문화의 편입이 아닌 스스로 차별화된 정체성 확립의 초석이 되었다.

이와 같이 아시엔다의 발전과 함께 등장한 시마론은 빨렝께와 낄롬부를 형성하여 다양한 정치, 사회활동뿐만 아니라 인종편견에 대한 조직적인 저항운동을 전개하였다. 빨렝께와 낄롬부는 아프리카의 전통과 이산적 정체성 확립을 바탕으로 독창적인 사회조직과 문화가 재창조된 저항의 공간인 것이다.

식민시기 주요 빨렝께

원래 빨렝께는 장엄한 의식을 거행하기 위해 말뚝을 박아 울타리로 만들어놓은 밀폐된 공간을 의미했다. 17세기 이후 식민체제에 저항하며 도주한 흑인 노예들은 계곡과 협곡에 은신처를 만들어 빨렝께라고 불렀다.

식민경제가 확대되던 시기 도주한 흑인 노예 시마론은 증가했고 다양한 지역에서 빨렝께가 형성되었다. 1570년경 멕시코 베라쿠르

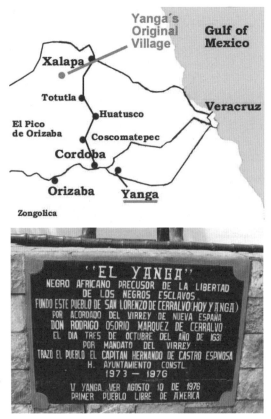

양가 시마론 마을
(멕시코)

스에서 시마론 양가(Gaspar Yanga)는 접근이 어려운 지역에 산 로렌소 데 로스 네그로스(San Lorenzo de los Negros)라는 흑인 노예들의 자유 지역을 건설했다.

1553년 에콰도르 에스메랄다스(Esmeraldas)에서는 알론소 데 이예스까스(Alonso de Illescas)와 프란시스꼬 아로베(Francisco Arobe) 등 아프리카계 후손들에 의해 삼보왕국(el Reino de los Zambo)이 건설되었다. 자메이카에서는 영국이 점령하기 이전 이미 스페인 농장주로부터 도주하여 접근이 어려운 산악지대에 정착한 노예들이 존재했다.

1520년대 처음으로 흑인 노예가 유입된 파나마에서는 식민지배 세력에 맞서 직접적인 공격을 가하는 노예반란이 지속적으로 전개되었다. 1548년 노예의 왕으로 불리던 바야노(Bayano)가 공동체를 형성하여 조직적으로 흑인 노예의 집단적 도주를 도왔다. 1549년 산 미겔(San Miguel) 만에서는 시마론 뻴리뻬오(Felipillo)가 지휘하는 저항조직이 형성되었다. 현재 파나마 꼴론 지방(Provincia de Colóns)의 뽀르또벨로(Portobelo), 놈브레 데 디오스(Nombre de Dios) 그리고 빨렝께(Palenque)와 함께 운하 동쪽으로 아프리카계 후손들의 공동체가 형성되었다.

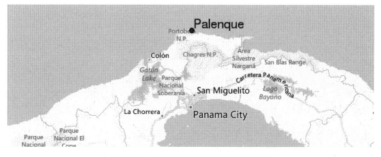

파나마의 뽀르또벨로(식민시기 빨렝께)

뽀르또벨로 아이들

뽀르또벨로 건설 시기 주변 지역은 시장과 부두를 중심으로 대규모의 흑인거주지역이 형성되었다. 이 지역은 파나마에서 아프리카에 뿌리를 두고 있는 인종의 핵심지역으로 성장하였다. 기네아(Guinea)와 아직도 여전히 존재하는 말람보(Malambo) 같은 마을은 식민시기 형성된 대표적인 흑인 공동체이다.

16세기 중반 페루 부왕령에는 시마론의 왕으로 불리던 우아우라(Huaura)가 있었다. 17세기 말 리마(Lima) 부근에는 우아치빠(Huachipa), 까라바이요(Carabayllo) 그리고 몬떼 삼브라노(Monte Zambrano) 지역에 빨렝께가 형성되었다. 식민당국의 추격으로 대부분의 시마론 공동체는 파괴되었다. 그러나 생존한 시마론들은 인적이 드문 계곡으로 이동하여 1710년경 새로운 빨렝께를 형성하였다.

베네수엘라에 형성되었던 빨렝께들은 1811년 독립선언에 밑거름이 되었다. 미란다(Miranda)와 바르가스(Vargas) 지역을 거점으로 고도의 조직체계를 갖춘 빨렝께는 현재 베네수엘라의 수도 까라까스(Caracas)의 독립을 촉구하기도 했다. 이러한 저항은 국가 독립을 위한 저항은 아니었지만, 식민노예제 폐지를 중심으로 한 시마론들의 단합된 조직력을 보여준 중요한 역사였다. 바를로벤또(Barlovento), 오꼬이다(Ocoyta)와 과야발(Guayabal)은 시마론에 의해 형성된 대표적인 공동체이다.

아프리카에서부터 노예선을 타고 함께 끌려 온 흑인들은 끈끈한 관계를 이어갔다. 정서적 교감과 문화적 동질감을 바탕으로 연대하여 현재의 위기를 공동으로 극복하였다. 주인으로부터의 부당한 대우에 대해 집단적으로 항의하거나, 조직적인 저항세력을 형성하여 지배권력에 공동으로 대응했다.

도주한 흑인 노예들은 식민추격자들의 공격을 방어하기 위해 험준하고 높은 산악지대에 빨렝께를 건설하였다. 이들은 칼과 농기구 그리고 돌을 무기로 이용하였으며 화염 무기는 절대 사용하지 않았다. 외부세계와의 단절을 선택하고 내부의 통일성과 협력을 강조했다.

빨렝께는 시마론이 선출한 지도자에 의해 통치되었다. 농장과 광산으로부터 도주한 시마론은 부인과 가족을 동반했고, 여성 시마론은 머리를 땋아서 그 속에 곡식의 씨앗을 숨겨 와 빨렝께의 식량을 풍부하게 만들어주었다.

식민정부에 의해 빨렝께가 파괴되었고, 체포된 시마론이 승리에 취한 노예사냥꾼과 함께 도시로 진입하는 동안 생존한 시마론들은 다른 장소로 이동하여 새로운 공동체를 형성했다. 이와 같은 방식을 통해 빨렝께 형성은 지속되었다.

시마론은 광산과 플랜테이션 농장 노예들의 도주를 지원했으며, 노예제 폐지를 위한 조직적인 공동투쟁을 전개했다. 확산된 시마론의 저항은 식민당국이 강압적인 방법을 동원하여 빨렝께 해체를 가속화하는 계기가 되었다.

특히 벵코스 중심의 마뚜아나 빨렝께는 고도로 체계화된 조직력을 바탕으로 까르따헤나 식민당국을 위협했다. 시마론의 집단적 저항은 1605년 식민정부가 시마론과의 협상을 시도하는 계기가 되었다. 1613년 벨라스꼬(Diego Fernánda de Velasco) 까르따헤나 통치자는 시마론에 대한 입장 수정이 필요하다는 것을 인식했다.

그는 시마론의 요구조건을 부분적으로 수용하는 동시에 시마론을 추적하는 이중정책을 수행했다. 벨라스꼬는 벵코스와 평화협상을 통해 마뚜나 시마론에게 까르따헤나 도시를 자유롭게 출입할 수 있는 허가증을 발급했다. 식민체제하에 노예가 아닌 흑인이 거리를 자유롭게 활보할 수 있게 된 것이다.

벵코스는 빨렝께 사회와 영토를 인정해줄 것을 협상조건으로 제시했다. 식민정부 측은 빨렝께가 도주하여 시마론이 된 노예를 더 이상 지원하지 않을 것을 요구했다. 양측은 협상에 합의하여 일정 기간 평화는 유지되었다. 2년 넘게 진행된 전쟁과 휴전을 통해 라 마뚜나 빨렝께는 시마론에게 이상의 공간이 되었다.

그러나 1619년 비무장의 벵코스가 식민당국에 의해 까르따헤나 거리에서 체포되어 1621년 처형되자 시마론의 무력항쟁은 전개되었다. 인근지역에 흩어져 활동하던 시마론들은 빠디야(Domingo Padilla)의 지휘 아래 집결하였고, 마뚜나 빨렝께를 재정비하여 빨렝께 데 산 바실리오를 건설했다. 당국의 폭력적인 대응과 함께 시마론의 조직적인 저항은 더욱 확산되었다.

17세기 말 공동체 건설을 통한 시마론의 조직적인 저항은 식민체제의 동요를 야기했다. 1631년 막달레나 강(Rio de Magdalena)과 마리아 산맥(Serrania de María) 부근 빨렝께가 활발하게 형성되었다. 당시 산따마르따와 막달레나 강 주변 그리고 까르따헤나 지역에는 이미 주요한 빨렝께가 건설되었다.

베땅꾸르(Betancur)와 마뚜데레스(Matuderes)로 알려진 북부지역의 빨렝께, 루루아꼬 산맥에 위치한 따발깔, 산 미겔, 엘 아레날(el Arenal) 빨렝께를 통하여 시마론의 집단적 저항은 전개되었다. 그리고 동시 다발적으로 두앙가(Duanga), 마리아 앙골라(María Angola), 호양까(Joyanca), 사나괄(Sanagual), 미겔 엠부일라(Manuel Embuyla), 마리아 엠부일라(María Embuyla), 아로요 피냐(Arroyo Piñu) 빨렝께가 형성되었다.

또한 식민정부에 의해 붕괴된 산 루까스 산악지대 부근 빨렝께는 새로운 빨렝께로 탄생했다. 루루아꼬와 마리아 산맥의 울창한 숲과 접근이 어려운 지리적 조건은 시마론 정착에 유리하게 작용했다. 산 루까스 산악지대와 네체 그리고 막달레나 강 사이 절벽은 사금채취가 가능했다. 이러한 방식을 통해 시마론은 주변지역 농장과 식량 및 생필품을 물물교환으로 획득할 수 있었다. 또한 일부 채취한 금은 상품으로 거래되어 활동자금의 원천으로 활용되었다.

1655년 까르따헤나의 신임 통치자 사빠따(Don Pedro Zapata)는 까르따헤나로부터 도주한 시마론들이 막달레나 강 부근에 건설한 빨렝께에 대한 공격을 감행했다. 막달레나 강은 산따마르따 정부 관할영역이었기 때문에 양 지방정부의 법적분쟁이 야기되었다. 까르따헤나 정부는 인근지역 농장의 노예와 시마론이 협력하여 반란을 계획하고 있다는 정보를 입수하여 빨렝께에 대한 경계태세를 강화했다.

일부 시마론이 식민정부 붕괴를 위해 까르따헤나 항을 공격하던 영국해적과 동맹을 모색한다는 소문에 식민정부는 경계를 늦추지 않았다. 그러나 까르따헤나 지역 시마론의 활동은 인근지역 산따마르따에서 발생한 노예반란을 계기로 고무되었다. 리오아차(Riohacha)와 산따마르따 지역 흑인 노예들은 정착을 위한 토지양도를 식민정부에게 요구하면서 자유를 선언했다.

1772년 영국에서 노예제 폐지 논의가 진행되었고, 18세기 프랑스에서는 노예해방을 위한 운동이 전개되었다. 18세기 말 동시다발적으로 노예들이 감독관과 주인을 살해하며 전국적으로 노예반란이 확산되었다.

노예들은 거리를 점령하고 자유를 외쳤다. 일부 노예들은 시의회까빌도에 정식으로 자유를 청원하기에 이르렀다. 온다(Honda), 마리끼따(Mariquita), 안띠오끼아와 까우까 아시엔다에서 흑인봉기가 집중되었다. 이러한 시마론의 저항을 통해 콜롬비아에서는 노예제 폐지에 관한 투쟁이 확산되었다.

또 다른 시마론 공동체 낄롬부

포르투갈어를 사용하는 브라질에서 도주한 흑인 노예들의 공동체를 낄롬부라고 부른다. 낄롬부는 중앙아프리카에서 사용하던 대표적 언어인 킬롬보(kilombo)에서 유래되었다. 앙골라 북쪽과 짐바브웨 등 예전 반투족 영토 일부에서 사용하던 킬롬보는 현재 앙골라와 르완다 지방의 언어를 일컫는다.

낄롬부는 모깜보(mocambo), 마까꼬(Macaco)와 쑤브삐라(Subupira) 등 다양한 촌락의 연맹체로서 전통적으로 아프리카에서 발전했던 독립된 국가형태의 촌락 연방체제였다. 낄롬부 내에는 엥가나-꼴롬임(Engana-Colomim)이라고 불리는 원주민 촌락도 형성되었다.

일반적으로 낄롬부는 시마론이 밀림이나 산악지역에 건설한 공동체로만 인식되고 있다. 그러나 브라질의 낄롬부는 도주한 흑인 노예뿐만 아니라 법적으로 문제가 있는 자유흑인, 원주민 그리고 백인까지도 함께 생활하는 공동체로 발전했다.

현재 브라질에는 2228개 정도의 낄롬부 형태 공동체가 존재하는 것으로 알려져 있다. 브라질의 여러 지역에는 낄롬부 명칭을 유지한 공동체가 그대로 유지되고 있다. 1888년 5월 노예제 폐지 이후 낄롬부는 촌락으로 전환되어 소규모의 상업경제로 생존했다.

대부분의 낄롬부와 빨렝께는 식민시기 붕괴되거나 인근 지역과의 접촉을 통한 문화적 변용을 경험하며 아프리카계 후손들의 삶의 터전으로 발전했다. 1995년에 이르러서야 브라질 정부는 낄롬부 후손들의 토지소유를 합법화하였다.

식민체제에 저항하며 시마론만으로 구성된 공동체는 빨마레스(Palmares) 낄롬부가 대표적이다. 알라고아스(Alagoas) 주에 뻬르남부

꾸(Perunambucu) 지역 까삐따니아(Capitania)에 위치한 빨마레스 낄롬부는 줌비(Zumbi)의 지도 아래 식민권력에 조직적으로 투쟁하였다. 밀림을 개간하여 옥수수와 만디오까, 감자 그리고 바나나 등을 재배하였으며 야생 사탕수수를 이용하여 빵과 술을 제조하였다.

1678년 6월 식민당국은 빨마레스 낄롬부 지도자 강가 줌바(Ganga Zumba)와 휴전회담을 진행하였다. 정부는 흑인들이 자유로이 살 수 있는 일정 지역의 토지제공에 합의하였다. 낄롬부는 흑인들의 무장해제와 도주한 흑인 노예를 더 이상 지원하지 말 것을 요구하였다. 그러나 줌바의 동생이면서 급진적인 성향의 지도자였던 줌비(Zumbi)는 휴전협정을 거부하고 도주한 흑인 노예의 지원을 주장하였다.

식민정부는 줌비가 협상을 거부하자 빨마레스 낄롬부에 대한 전면적인 공격을 감행하였다. 이러한 상황 아래 빨마레스 낄롬부의 왕 줌바가 살해되고 줌비가 새로운 지도자로 선출되어 식민정부에 대항하였다.

빨마레스 낄롬부의 저항을 경험한 식민세력은 흑인 노예들에 대해 보다 강력한 통제체제를 확립하였다. 조직적인 시마론의 저항으로 식민정부와 농장주의 노예 통제는 보다 강화되었으나 낄롬부는 완전히 사라지지 않았다.

1692년 식민정부군은 빨마레스에 대해 무력공격을 시작했다. 줌비의 저항은 지속되었다. 1694년 정부는 뻬르남부꾸와 알라고아스에서 3천 명의 병력과 무기를 충원하여 빨마레스 낄롬부에 대한 대규모 공격을 시도하였다. 그러나 줌비와 핵심세력 체포에는 실패하였다. 1695년 식민당국의 끈질긴 추적 끝에 줌비와 그 동료들은 체포되어 11월 참수형을 받았다.

17세기 말 브라질 북동부 미나스 제라이스(Minas Gerais) 주에서 금이 발견되자 대규모의 흑인 노예가 유입되었다. 18세기 이 지역은 전체 주민의 30%가 아프리카에 뿌리를 두고 있는 인종이 차지했다. 대규모의 노예유입과 접근이 어려운 광산지역의 지리적 조건은 이 지역에 시마론과 낄롬부의 양적 팽창을 초래했다. 18세기 미나스 제라이스 주에는 160여 개의 낄롬부가 형성되었다.

당시 브라질은 농장으로부터 도주한 소수의 흑인 노예들이 자신의 농장주가 운영하던 농장 부근에 소규모로 낄롬부를 건설한 경우가 많았다. 현재 오우루 쁘레뚜(Ouro Preto)에 해당하는 빌라 히까(Vila Rica) 지역은 이러한 소규모의 낄롬부로 둘러싸여 농장주들을 위협하였다.

낄롬부에서는 흑인 노예와 자유인이 동맹을 맺거나, 물품 거래를 통한 경제활동을 하였다. 고이아스 주의 낄롬부 왕은 시마론의 노동력을 바탕으로 광물을 채취하고 인근 지역 자유인과 교역하며 조직을 유지하였다. 낄롬부의 시마론들이 생산한 금은 노예석방을 위해 사용되거나 생활용품 및 무기구입에 이용되었다.

1694년 빨마레스 낄롬부는 원주민으로 구성된 대규모의 토벌대에 공격을 받았다. 일부 원주민 부족은 낄롬부 해체를 위해 자체적으로 병력과 무기를 보유하였다. 당시 원주민들은 시마론과 사냥 및 광산채굴을 둘러싸고 경쟁하였다. 또한 낄롬부 시마론에 의한 원주민 여성 납치 사건이 빈번해지자 낄롬부 시마론에 대한 원주민의 감정은 악화되었다. 원주민은 모든 흑인을 적으로 규정하였다.

낄롬부의 흑인들과 원주민의 관계는 상황에 따라 갈등과 협조적인 관계를 형성하였다. 고이아스 주의 까이아뽀족(caiapó) 원주민의 경우 낄롬부의 시마론을 포획하여 농장에 팔아넘기는 노예사냥꾼 역할을 담당하였다. 이들은 노예사냥의 대가로 철기구와 직물 그리고 식량을 구입하였다. 다른 원주민 샤반찌족(xavante)은 낄롬부를 추적하고 해체하는 전문가 집단의 역할을 수행하였다.

그러나 일부 원주민 부족의 경우 낄롬부에서 시마론과 함께 공동생활을 유지하였다. 1795년까지 약 30여 년간 존속되어온 꽈리떼레 낄롬부의 경우 시마론과 원주민 공동체가 연합하여 식민당국을 곤경에 빠뜨리기도 했다.

19세기 초 바이아 지역에는 도주한 흑인 노예들과 자유인이 함께 생활하는 오이띠제이루(Oitizeiro) 낄롬부가 있었다. 이들은 만디오까를 재배하며 농업에 종사했다. 자유인은 농장으로부터 도주한 흑인 노예들에게 거처를 마련해주고 식량과 생필품을 제공하며 상업활동도 하였다.

18세기 시마론 수는 더욱 증가하였고 폭동과 함께 농장주에 대한 살해 및 공격도 빈번하게 발생했다. 시마론의 조직적인 저항으로 인한 사회경제적 불안은 노예제 폐지에 대한 직접적인 압력으로 작용하였다. 19세기 초 흑인 노예무역 폐지에 대한 압박은 확산되었다.

프랑스 식민지 아이티(Haiti)에서 발생한 흑인 노예혁명은 인접국 흑인 노예들에게 영향을 미칠 수 있으며, 노예폭동에 유리한 조건을 형성할 수 있다는 우려가 팽배했다. 이와 동시에 식민지배세력은 아프리카 흑인 유입 증가로 미주대륙의 아프리카화가 가속화될 것이라고 생각했다. 이러한 사회적 분위기 속에 노예무역 폐지 논란이 전개되었다. 19세기 중반 라틴아메리카 지역 식민정부는 노예무역과 노예제 폐지를 선언하였다.

노예무역의 금지로 아프리카에 뿌리를 두고 있는 노예의 수는 감소하였다. 흑인 노예 가격은 상승하여 대규모 농장주들만이 소유할 수 있었다. 혼혈인종의 증가로 인해 식민세력은 노동력 확보가 용이해졌다. 그 결과 노예제는 폐지되었으나 노예였던 흑인들은 메스티소, 삼보, 물라또와 같은 혼혈인종과 노동시장에서 새로운 경쟁을 해야만 했다.

3. 자유를 향하여

급진 저항세력 꼬무네로스

식민시대 노예제도는 흑인에 대한 억압의 역사를 창조했고, 이러한 역사는 노예제가 폐지된 이후에도 이들의 삶에 지속적으로 영향력을 행사해왔다. 오늘날에도 여전히 라틴아메리카의 아프리카계 후손은 노예제가 지니고 있던 차별주의가 사회의 다양한 형태로 유지되고 있는 현실에 직면해 있다.

이러한 현실 속에서 일부 아프리카에 뿌리를 둔 인종은 뿌리의식을 상실하고 자신의 문화가 여전히 미개하며 현대사회에서 사라져버려야 한다는 백인 주류사회의 가치관을 받아들여 과거와 단절된 삶을 추구하였다.

그동안 라틴아메리카의 공식 역사 속에서 독립정신과 건국이념 실현에 기여한 아프로-라틴아메리카 공동체의 역할은 상대적으로 침묵되어왔다. 일부 국가에서 노예제와 식민체제에 저항하며 자유롭고 평등한 사회를 건설하고자 했던 아프리카 후손들의 집단적 저항이 독립과 새로운 국가건설의 밑거름이 되었음에도 불구하고 이들의 공로는 백인 중심의 역사체계 속에 공식적인 흔적을 남기기 어려웠다.

라틴아메리카에서 아프리카에 뿌리를 두고 있는 후손이 가장 많이 분포되어 있는 국가는 브라질과 콜롬비아이다. 브라질은 전체 인구의 45%, 콜롬비아는 20~26%의 아프리카계 후손들이 분포되어 있는 것으로 알려져 있다. 17세기 대농장 아시엔다의 발전과 함께 특히 브라질과 남미 독립운동의 중심지인 누에바 그라나다 부왕령을 중심으로 흑인 노예들의 집단적 저항이 전개되었다.

1717년 스페인 왕실이 식민영토를 효과적으로 관활하기 위해 4개의 부왕령 체제로 운영하였다. 멕시코를 중심으로 중미의 누에바 에스파냐 부왕령, 콜롬비아를 중심으로 한 누에바 그라나다 부왕령, 페루 부왕령 그리고 아르헨티나, 우루과이, 파라과이를 관활하던 라 플라타 부왕령으로 행정체계를 정비하였다. 누에바 그라나다 부왕령은 현재 콜롬비아, 베네수엘라, 에콰도르, 파나마, 가이아나 그리고 페루 일부 지역의 영토가 포함된다. 수도는 산타 훼(Santa Fe)로서 현재 콜롬비아의 수도 보고따(Bogotá)에 해당하며, 콜롬비아는 누에바 그라나다 부왕령의 행정적 중심지였다.

브라질과 콜롬비아의 노예제에 저항하며 도주한 흑인들은 공동체를 형성하여 다양한 정치, 사회활동을 통해 조직적인 반(反)식민활동을 전개했다. 브라질의 강가 줌바의 경우 알라고아스 주를 중심으로 공동체 낄롬부 도스 빨마레스를 형성하여 6천 명이 동원된 포르투갈 군에 맞서 2년간 식민세력에 저항하였다. 비록 낄롬부는 해산되었지만 식민체제에 대한 아프로-라틴아메리카인의 의미 있는 저항의 역사였다.

누에바 그라나다 부왕령의 페루와 베네수엘라 그리고 파나마에서도 시마론들은 빨렝께를 건설하여 식민노예제에 대한 집단적 투쟁을 전개했다. 18세기 이러한 지역의 시마론 공동체는 식민당국에 의해 대부분 해산되거나 파괴되었다. 그리고 공동체의 역사와 기억은 파편화되어 생명력을 상실해갔다.

가장 많은 아프리카계 후손들이 가장 치열한 저항의 역사를 이어왔던 콜롬비아의 경우 17세기 초 형성된 시마론의 저항 공동체는 아직까지 그 기억과 역사를 유지하고 있다. 빨렝께 데 산 바실리오는 현재 라틴아메리카 유일의 시마론 공동체로 알려져 있다. 식민시기 건설된 이러한 시마론 공동체는 자유와 평등을 위해 저항했고, 꼬무네로스(Comuneros) 혁명과 콜롬비아 독립운동의 기반이 되었다.

콜롬비아의 독립과 새로운 공화국 건설은 식민시기 시마론의 저항과 18세기 말 정치, 사회 변혁을 추구한 꼬무네로스 혁명을 통해 실현된 것이다. 꼬무네로스는 스페인어의 공동체를 의미하는 '꼬무니다드(Comunidad)'에서 파생되었다. 그리고 꼬무네로스라는 용어는 1520과 1521년 스페인의 까스띠야(Castilla)에서 발생한 민중저항운동에 참여한 사람들을 지칭한 데에서 비롯되었다. 당시 카를로스 5세(Carlos V)가 부과한 과도한 세금은 민중의 불만을 야기하였고, 이에

꼬무네로스 혁명 기념우표
(콜롬비아)

대한 저항운동은 확산되어 왕실의 조세정책은 수정되었다.

라틴아메리카에서는 16세기부터 꼬무네로스라는 이름의 다양한 민중운동이 발생했다. 꼬무네로스는 저항세력을 의미하게 되었다. 18세기 접어들어 1717년과 1735년 파라과이에서 스페인 왕실의 개혁을 주장하는 꼬무네로스의 무력투쟁이 발생했다. 1780년 콜롬비아에서 사회변혁을 추구하며 저항한 꼬무네로스 혁명은 콜롬비아 독립운동의 밑거름이 되었다.

남미 식민노예무역의 중추적 역할을 담당했던 콜롬비아의 까르따헤나에서 확산된 시마론의 노예제 폐지를 위한 노력은 급진주의 저항운동의 토대가 되었다. 이러한 시마론 정신을 계승하여 구체제의 변혁을 시도한 꼬무네로스 혁명이 확산되었다.

누에바 그라나다의 독립은 시마론의 저항과 꼬무네로스 혁명의 역사적 토대 없이는 시작될 수 없었다. 비록 이들이 볼리바르(Simón Bolívar)를 비롯한 백인 엘리트의 지휘 아래 독립전쟁에 동원되었지만 콜롬비아의 독립과 새로운 국가건설 과정에서 큰 자산이 되었음을 인정하지 않을 수 없다.

콜롬비아의 꼬무네로스 혁명의 역사는 라틴아메리카 독립사에서 그동안 상대적으로 그늘에 가려져 있던 아프로-라틴아메리카 공동체의 역할을 재고할 수 있는 기회를 마련해준다. 꼬무네로스 혁명을 바탕으로 라틴아메리카 독립과 관련하여 백인의 업적과 명성에 눌려 제대로 부각되지 못했던 흑인 혁명가들의 존재를 돌아보고 이들의 역할과 역사적 의의를 재고해보는 것은 의미 있는 작업이다. 이를 토대로 18세기 말과 19세기 초 아프로-라틴아메리카의 역사적 공헌을 재평가할 수 있을 것이다.

꼬무네로스 혁명

일부 역사가들은 꼬무네로스 혁명이 스페인 식민권력에 대한 도전이라기보다는 경제개혁에 대한 저항운동이라고 평가했다. 다른 한편에서는 꼬무네로스 혁명을 반(反)식민독립운동으로 인식하거나 혹은 위로부터 배신당한 아래로부터의 사회혁명이었다고 주장하기도 한다. 이러한 견해를 종합해볼 때 꼬무네로스 혁명은 근본적으로 스페인 제국의 중앙집권 세력과 식민지의 탈중앙집권 세력 간 정치적 위기의 표출이었다고 볼 수 있다.

1781년 3월 16일 누에바 그라나다의 부왕령 소꼬로(Socorro)에서 꼬무네로스 혁명이 발생했다. 소꼬로는 현재 콜롬비아의 산딴데르(Santander) 주에 속한 중소도시이다. 당시 이곳은 섬유산업이 가장 번창하던 곳으로서 자유무역이 추진되었다.

스페인 왕 까를로스 3세(Carlos III)는 카리브 해 연안 라 플로리다(La Florida)와 히브랄따르(Gibraltar)에 대한 영토회복을 주장하며 영국과의 전쟁을 선포했다. 그리고 왕실은 부족한 전쟁자원을 충당하기 위해 1779년 세금징수 관리원 삐녜라(Gutiérrez de Piñeres)를 누에바 그라나다의 수도 보고따로 파견했다. 삐녜라는 왕실의 신임이 두터운 사람이었으나 전문지식을 겸비한 인물은 아니었다. 누에바 그라나다에 대한 스페인 왕실의 섭정은 삐녜라를 통해 실현되었다.

누에바 그라나다의 부왕 플로레(Manuel Antonio Flore)는 왕실의 명령에 따라 영국과의 전쟁준비를 위해 카리브 해 중심지 까르따헤나로 이동하였다. 그리고 수도행정을 삐녜라에게 위임했다. 스페인 왕실로부터 권력을 위임받은 삐녜라는 식민지 세력이 독점하고 있던 소금과 담배 품목에 독과점세를 징수하고, 판매세의 4~6%를 인상했

꼬무네로스 혁명의 산실
소꼬로 전경

다. 그리고 면직물에 대한 과세를 부과했다. 전쟁준비를 위한 새로운 과세 부과와 세금 인상을 골자로 하는 왕실의 새로운 조세제도는 식민지 세력의 불만을 야기했다.

1781년 스페인 왕실의 과도한 세금부과 철회를 요구하며 꼬무네로스 반란이 전개되었다. 특히 국고 증액을 목적으로 새로이 부활된 담배판매세는 산딴데르 주에 위치한 주요 담배생산지 관넨따(Guanentá) 주민들에게 민감하게 작용했다. 1752~1767년 주류 아구아르디엔떼(Aguardiente)에 대한 식민정부의 독점은 주민의 폭동으로 표출되었고, 담배판매세 부활은 조직화된 민중봉기의 계기가 되었다. 1780년 식민정부는 산딴데르 주의 시마꼬따(Simacota), 모고떼스(Mogotes)와 차를라(Charalá) 지역에서 담배판매에 대한 감시를 강화하였고, 이러한 경제적 통제는 1781년 꼬무네로스 혁명의 도화선이 되었다.

혁명을 주도한 벨뜨란(Manuela Beltrán)은 식민정부의 담배판매세 징수 철회를 주장하며 주요 공공건물을 파괴했다. 3월 23일 산 힐(San Gil) 광장에 모인 주민들은 조직적으로 식민정부에 저항하기 시작했다. 같은 날 시마꼬따에서는 아프리카계 후손 알깐뚜스(Lorenzo Alcantuz)가 시위를 주도하며 왕실의 개혁을 촉구했다. 저항운동은 삔초떼(Pinchote)와 과달루뻬(Guadalupe) 지역으로 확대되었다. 산발적으로 모여 왕실의 개혁을 촉구하던 산딴데르 지역 민중들은 4월 15일 소꼬로에서 집결하여 식민정부에 대한 무력투쟁을 선언했다.

꼬무네로스의 저항은 누에바 그라나다 부왕의 중심지인 산타 훼 데 보고따, 똘리마(Tolima), 안띠오끼아, 산따마르따, 베네수엘라, 동부 평원지역 그리고 까우까까지 확산되었다. 빠스또(Pasto)와 네이바(Neiva) 주에서는 분노한 군중이 지역통치자를 암살했다. 1781년 6월 뽀빠얀(Popayán) 지역 통치자 빠레도(José Ignacio Paredo)는 담배농장에 대한 판매세 부과에 반발한 민중봉기에 의해 사망하였다. 상인, 도축업자, 소농과 빈농들이 대거 참여한 민중봉기는 전 지역으로 확대되었다.

콜롬비아를 대표하는 원주민 칩차(Chipcha) 부족은 꼬무네로스의 봉기가 이들의 중심지인 뚱하(Tunja), 안띠오끼아, 네이바(Neiva), 빰쁠로나(Pamplona) 및 까사나레(Casanare) 지역으로 확산되자, 식민체제에 저항했던 페루의 뚜빡 아마루(Túpac Amaru) 잉카부족의 저항을 기억하며 꼬무네로스 혁명을 지원하였다.

소꼬로 사건을 계기로 안데스 산맥 지역은 물론이고 태평양 지역 과르네(Guarne), 뚜마꼬(Tumaco)와 메리다(Mérida) 지역에서도 꼬무네로스의 반란은 지속되었다. 리오 네그로 산 니꼴라스(San Nicolás de Ríonegro) 계곡에서도 스페인 통치에 대한 저항은 가속화되었다. 누에바 그라나다 지역을 포함한 남미 전역에서 동시다발적으로 민중저항은 연일 확산되었다.

소꼬로 광장에 모인 6천여 명의 시위대는 정부청사를 공격하고 통치자를 추방했다. 그리고 시위를 주도했던 아프리카계 후손 베르베오(Juan Francisco Berbeo)를 지역 통치자로 임명했다. 민중봉기의 주역 쁠라따(Salvador Plata), 몬살베(Antonio Monsalve)와 로시오(Francisco Rosillo)도 시위세력에 의해 지역 주요직책에 선출되었다. 새로운 지도자들은 '공동'이라는 의미의 '엘 꼬문(El Común)' 위원회를 구성하여 조직을 재정비했다.

소꼬로 꼬무네로스는 식민행정수도로 향하던 중 다른 지역으로부터 상경하고 있는 다른 꼬무네로스와 뿌엔떼 레알(Puente Real)에서 만나 연합세력을 형성하였다. 오소리오(José Osorio)와 바레라(Joaquín

뿌엔떼 레알(보야까)

de la Barrera)가 이끄는 2만여 명의 반란군은 정부의 담배독점 폐지, 부과세 폐지를 주장하며 수도로부터 50킬로미터 떨어진 씨빠끼라(Zipaquirá)에 도착했다.

꼬무네로스의 무력투쟁이 확산되자 왕실이 파견한 세금관리원 삐녜라는 도주했다. 식민정부는 법원상무위원회와 국고행정을 담당하는 주요대표자를 소집하여 반란군과 합의를 시도했다. 수습대책위원회 대표로 주교 공고라(Antonio Caballero y Góngora)가 선출되어 꼬무네로스와 협상을 주도했다.

꼬무네로스는 협상조건으로 35개항의 행정 및 정치적 개혁안 베르베오 협정(Berbeo de las Capitulaciones)을 제출했다. 개혁안은 이후 씨빠끼라 협정이라고 불렸다. 협정안의 주요 골자는 과세 폐지 혹은 축소 그리고 전매와 주류세 인하였다. 원주민의 토지와 소금광산 반환,

까사 데 꼬무네로스(보고따)

공물 축소와 십일조 폐지도 포함되었다. 또한 식민본국에서 파견된 백인 엘리트가 점유하고 있는 공직 진출 개방 및 해방 흑인 노예들의 공물폐지도 주요 개혁안으로 제출되었다.

   1781년 5월 공고라 주교는 꼬무네로스와 합의 사항에 대한 승인을 신속히 처리했다. 반란 확산 방지 및 격양된 반란군에 무방비로 노출된 식민정부의 상황을 고려하여 협상위원회는 6월 6일 씨빠끼라 인근 엘 모르띠뇨(El Mortiño)에서 꼬무네로스 지도자와 만나 35개 요구항을 인정하기로 결정했다.

공고라 주교는 협정 이행을 위해 우선 바르가스(Vasco y Vargas)를 판사로 그리고 갈라비스(Eustaquio Galavís)를 시장으로 임명하였다. 꼬무네로스의 요구는 대부분 수용되었다. 이를 계기로 스페인 본국에서 파견된 공무원들이 독점하고 있던 공직은 식민지 엘리트에게도 허용되었다. 그리고 꼬무네로스의 모든 시위 행위는 법적으로 사면 처리되었다.

카리브 해 영토를 둘러싸고 영국과 전쟁을 준비를 위해 까르따헤나로 이동한 누에바 그라나다 부왕 플로레스는 이 소식을 접하고 급히 500명의 군인을 소꼬로로 파견했다. 베르넷(José Bernet)의 지휘 아래 뿌엔떼 레알에 도착한 정부군은 반란군을 향해 공격했다. 플로레스의 지도력을 인정한 왕실은 이후 그를 누에바 에스파냐 부왕으로 승진 발령하였다. 1782년 7월 누에바 그라나다 부왕으로 공고라 주교가 임명되었다.

꼬무네로스 지도자 베르베오는 식민정부와 협정이 체결되자 수도 진입을 앞두고 혁명군을 뒤로한 채 소꼬로 지역으로 사라졌다. 그러나 아프리카계 혁명군 지도자 갈란(José Antonio Galán)은 식민정부의 협정안 전면 수용과 신속한 처리에 대해 의심의 끈을 놓지 않았다. 갈란의 예상대로 이후 공고라 식민당국은 위원회를 소집하여 꼬무네로스와 체결한 협정안에 대하여 전면 무효화를 선언했다. 갈란이 지휘한 혁명군은 정부군의 공격으로 퇴각했으며 갈란은 동료들과 함께 체포되어 1782년 2월 처형되었다.

결과적으로 꼬무네로스의 혁명은 스페인 왕실의 약화와 18세기 말 식민지 사회의 모순이 표면적으로 표출된 사건이었다. 장기적인 측면에서 볼 때 꼬무네로스 혁명은 실패는 아니었다. 식민당국은 스페인 왕실이 제시한 조세제도를 수정해야만 했고, 체제전복 가능성을 경험한 식민권력은 식민경제 통제에 대한 위기를 인식하게 되었다.

또한 꼬무네로스의 혁명은 경제뿐만 아니라 사회 및 정치적 측면에도 커다란 변화를 예고하는 것이었다. 식민정부와 꼬무네로스 양측이 합의한 협정문은 아프리카에 뿌리를 두고 있는 인종의 입장을 그대로 반영한 공식 문서라는 점에서 그 의미를 되새겨보지 않을 수 없다.

원주민의 토지 반환문제 및 아프리카계 후손 갈란이 선언한 흑인 노예해방은 식민체제 청산에 대한 민중혁명의 산물인 것이다. 비록 공고라 식민정부의 무효화 선언으로 협정안의 효력은 상실되었지만 새로운 국가건설의 토대를 제공한 꼬무네로스 혁명은 프랑스 혁명에 앞서 구체제 사회와 정치 그리고 경제 개혁을 추구한 진정한 민중혁명의 역사였다.

역사 속으로 사라진 흑인 영웅들

콜롬비아의 독립과 새로운 공화국 건설은 온전히 백인 엘리트의 공로만은 아니었다. 17세기 전 기간 동안 독자적인 체제와 문화를 유지하며 식민노예제에 저항한 시마론과 18세기 정치, 사회 변혁을 추구하며 헌신한 흑인 꼬무네로스 지도자의 희생은 독립의 밑거름이 되었다.

꼬무네로스 혁명은 자유와 평등에 대한 자각을 일깨웠고, 혁명적 공화주의와 계몽사상을 토대로 한 독립운동의 사상적 기반이 되었다. 혁명을 통해 체제전복 위기를 경험한 왕실은 식민통치 체제에 대한 원칙을 수정했으며, 꼬무네로스는 콜롬비아 독립운동의 토대가 되었다.

식민시대 누에바 그라나다 해상무역의 거점인 까르따헤나가 1821년 독립이 선언되는 과정에서 시마론과 이들의 정신을 계승하여 평등과 노예해방을 위해 저항한 아프리카계 후손들의 역할은 결정적이었다.

아시엔다의 발전과 함께 증가한 시마론은 공동체를 형성하여 아프로-라틴아메리카의 정체성을 확립해나갔다. 그리고 자유와 평등을 위한 투쟁을 전개했다. 1603년 콜롬비아 까르따헤나에 아메리카 최초의 빨렝께가 형성된 이후 1891년까지 지속된 시마론의 저항은 식민체제 유지의 심각한 위협이 되었다.

시마론은 라틴아메리카 독립사상의 기반인 자유와 평등에 대한 자각을 일깨웠고, 구체제 청산을 시도한 꼬무네로스 혁명의 실천적 사상의 토대가 되었다. 꼬무네로스 혁명을 주도한 아프리카계 후손 갈란은 인종정의와 공적 담론에 참여하는 반(反)식민사회 건설의 일

익을 담당했다.

갈란은 산딴데르 차랄라(Charla) 출신이다. 그는 식민정부에 의해
징집되어 병역생활을 하던 중 자신의 고향 소꼬로에서 발생한 혁명
소식을 접하고 탈영하여 혁명지도자 베르베오 휘하에 들어가 혁명군
을 지휘했다. 꼬무네로스 혁명의 계기를 제공한 세금징수 감독관 삐
녜라를 체포한 인물이기도 하다. 갈란은 식민당국이 꼬무네로스가
제시한 협정 안을 수용하자 삐녜라를 석방하고 똘리마(Tolima) 주 마
르끼따(Mariquita) 부근에 위치한 말빠소(Malpaso) 광산 흑인 노예들의
자유를 선언했다.

이후 알발레마(Ambalema), 또까이마(Tocaima), 꼬네요(Conello), 꼬
야이마(Coyaima), 나따가이마(Natagaima), 쁘리휘깐시온(Purificación),
네이바(Neiva)와 이바게(Ibagué) 지역 흑인 노예들의 저항을 주도했다.
그리고 아시엔다를 점령하고 까우까, 막달레나, 안띠오끼아 지역을
중심으로 반(反)식민노예제에 대한 투쟁을 전개했다. 이를 계기로
안띠오끼아 지역에 위치한 부에나비스따(Buenavista) 광산을 운영하던
아구델로(Lorenzo Agudelo) 농장주는 자신이 거느리고 있던 흑인 노예
80명에게 지유를 부여했다.

1881년 11월 7일 흑인 노예 끄루스(Vicente de la Cruz)는 태평양 연
안에 위치한 뚜마꼬(Tunaco) 지역 대농장 라 니냐(La Niña)에서 반
란을 주도하며 흑인 노예 해방을 위해 투쟁했다. 또한 뚜께레스
(Túquerres)와 바르바꼬스(Barbacoas) 농장에서 해방된 흑인 끼뇨네스
(Eusebio Quiñones)는 콜롬비아 남쪽 나리뇨(Nariño) 주에서 꼬무네로
스 혁명을 이끌었다.

이러한 아프리카계 후손들은 대중에게 노예제 억압을 알리는 일
종의 도덕적 나침판 역할을 수행했다. 꼬무네로스는 식민정부가 협

정 안에 대한 무효화를 선언하자 베르베오 대신 갈란의 지휘 아래 새로운 저항운동을 전개했다. 혁명을 주도한 시마론과 아프리카계 혼혈 물라또 지도자들은 상호단결과 경제적 독립을 추구하는 한편, 노예해방과 법적 평등 문제를 공적인 논제로 만들기 위해 노력했다.

그러나 1782년 갈란은 정부군에 의해 체포되어 몰리나(Isidro Molina), 오르띠스(Manuel Ortiz)와 함께 처형되었다. 갈란의 머리는 잘려 꼬무네로스 봉기가 과격하게 진행되고 있던 과두아스(Guaduas) 마을 입구에 전시되었다. 그의 잘린 오른손은 소꼬로 광장에 그리고 오른쪽 다리는 고향 차를라에 버려졌다. 갈란의 동료 빠라다(Ignacio Parada), 바르가스(Miguel Fulgencio de Vargas), 발란디아(Jose Velandia), 뻬드라사(Guillermo Pedraza)와 레예스(Baltasar de los Reyes)의 시신도 같은 방법으로 처리되어 흩어졌다. 그리고 이들의 이름은 공식 역사 속에서 기록으로 남겨지지 않은 채 사라졌다.

희생된 꼬무네로스 지도자의 후손들은 당국이 가하는 모욕과 수모를 감수해야 했다. 그들의 모든 재산은 몰수되었고 일부 가족은 모진 매질과 학대에 시달렸다. 그리고 까르따헤나로 이송되어 다시는 고향으로 돌아오지 못할 아프리카 교도소에 감금되어 생을 마감해야 했다.

식민정부에 의해 체포된 혁명 가담자는 인간의 생존이 불가능한 파나마 아열대 밀림지역에 버려졌다. 생존한 이들은 정부의 보복을 피해 외곽지역으로 흩어졌다. 갈란과 그의 동료들의 죽음은 식민지 배세력에 대한 아프리카계 후손들의 분노를 심화시켰다.

볼리바르의 배신

자유흑인의 수가 급증한 18세기 말 아프리카에 뿌리를 두고 있는 인종은 정치논쟁에 참여하여 자유와 평등이라는 독립이념이 구현된 사회를 건설하려고 노력했다. 이들은 독립을 통해 자유와 평등에 대한 욕구를 실현시키고자 했다. 독립은 반(反)식민 노예제 청산과 인종적 편견에 대한 저항을 의미했다. 흑인들의 자유를 향한 노력은 독립전쟁 중 절정에 달했다.

1810년 6월 14일 콜롬비아의 까르따헤나 흑인밀집 거주지역 헷세마니(Getsemaní)에서 몬테(Francisco Montes) 식민정부는 붕괴되었다. 그리고 수공업자 조합을 이끌었던 아프리카계 후손 소리아(Blas de Soria) 대령은 통치자로 추대되었다. 헷세마니는 식민시기 시마론 왕 벵코스의 활동 거점지역으로서 식민노예 해방운동의 중심지로 부각된 곳이다. 현재에도 이 지역은 시민권 쟁취를 위해 투쟁했던 흑인노예들의 고단한 여정을 보여주는 의미 있는 장소로 기억되고 있다.

1772년 영국에서 노예제 폐지에 대한 논의가 진행되었고, 프랑스에서는 노예제 폐지를 위한 운동이 전개되었다. 이러한 역사적 배경을 바탕으로 까르따헤나에서는 시마론과 물라또를 중심으로 식민노예제 폐지를 위한 저항이 확산되었다. 1811년 11월 11일 헷세마니 주민들은 무장투쟁을 전개하며 지역의 절대적 독립을 주장했다. 이후 스페인 왕실의 재정복전에서 이들은 까르따헤나 방어의 주도적인 역할을 담당했다.

1812년 까르따헤나 주 식민정부는 흑인 노예무역 금지법을 마련하였다. 1814년 안띠오끼아 주 통치자 꼬랄(Juan del Corral)은 관할지역에서 탄생할 노예 후손들의 해방을 선언한 법을 발표했다. 1821년

볼리바르 광장(보고따)

볼리바르 동상(까라까스 베네수엘라)

볼리바르 역시 독립전쟁 참전을 조건으로 흑인 노예들의 해방을 보장했다. 1811~1814년 콜롬비아 최초의 공화국 건설 과정에서 백인 지배세력은 법 앞에 평등을 내세워 신분제 폐지를 선언했다.

남미 독립의 주역 볼리바르(Simón Bolívar) 장군은 부분적인 노예제 폐지를 약속하며 반식민 흑인 저항세력을 독립전쟁에 동원했다. 1813년 12월 15일 참전 흑인 노예들의 절대적 자유를 보장한 "전쟁 혹은 죽음"으로 불리던 법령을 발포하였다. 볼리바르의 노예해방 공약은 흑인들의 독립전쟁 참전에 당위성을 부여했다.

1819년 7월 20일 스페인 재정복전에 참전하여 활약한 흑인들은 새로운 사회 건설을 위해 독립군의 일원이 되었다. 까우까, 안띠오끼아 그리고 초꼬 지역으로부터 징집된 5천 명의 노예들이 독립군으로 구성되었다. 도주하는 흑인 노예는 체포되어 암살되거나 다시 노예로 돌아갔다. 7월 25일 빤따노 데 바르가스 전투(Batalla del Pantano de Vargas)를 시작으로 8월 7일 볼리바르가 이끄는 독립군은 보야까 전투(Batalla de Boyacá)를 승리로 이끌어 누에바 그라나나의 독립은 달성되었다.

8월 19일 볼리바르 장군은 콜롬비아 공화국을 선포했다. 바람 운행방향에 대한 전문적 지식으로 군사전략을 수립한 빠디야(José Prudencio Padilla)를 비롯하여 전쟁에 참전한 흑인들은 독립군에게 승리를 안겨주었다. 독립전쟁 참전 흑인들은 전쟁의 승리가 노예해방을 실현해줄 것으로 확신했다.

흑인 시마론 부대를 지휘하면서 엘 아뜨라또(el Atrato) 전투에서 활약한 뻬레스(Tomás Pérez), 1816년 보고따에서 처형된 흑인 부흐(Miguel Buch)와 몬따발로(Miguel Montalvo), 레몰리노 데 무리(Remolino de Murrí)와 같은 흑인영웅의 희생을 발판으로 콜롬비아의 새로운 공화국이 건설되었다. 태평양의 꾸삐까(Cupicaa)로부터 대서양까지 '안데스의 장미(La Rosa de los Andes)'로 불리던 전투함을 어깨에서 어깨로 운송했던 아프리카계 후손들 역시 콜롬비아 독립 역사에 기록으로 남겨지지 않은 영웅들이었다.

독립전쟁 이후 흑인들은 자유와 독립의 건국이념이 진정한 노예해방을 통해 실현되기를 기대했다. 볼리바르는 독립전쟁 수행과정에서 인적·물적 자원 부족으로 인한 위기상황에 직면하자 아이티의 통치자 뻬띠옹(Alejandro Petion)에게 도움을 요청했다. 흑인 노예 혁명의 영웅 뻬띠옹은 노예제를 폐지를 조건으로 볼리바르의 독립전쟁을 지원했다.

그러나 독립 이후 볼리바르는 인종적 반란에 대한 우려를 표명하며 노예제 폐지에 대한 미온적인 태도를 유지했다. 노예제 폐지를 둘러싼 논란이 확산되자 볼리바르는 대변인이자 부통령인 나리뇨(Antonio Nariño) 장군을 통해 꾸꾸따(Cúcuta) 의회에서 자신의 수정된 입장을 표명했다. 1821년 이후 탄생한 노예 후손부터 절대적 자유를 보장한 '태아 자유법'이 적용된다고 선언했다. 그리고 해방된 노예들은 자신에게 일을 제공하는 주인의 보호를 받고 복종해야 한다는 내용을 첨가했다.

당시 백인 지배세력은 노예제 폐지가 국가 생존과 사회적 단합에 위협이 될 것이라고 판단했다. 식민노예제에 대한 원한을 품고 있는 이들을 사회에 통합시키려는 노력은 매우 위험한 발상이라고 평가했다. 동시에 통제되지 않은 흑인의 자유는 지배세력의 재산과 생명에 위협이 된다고 주장했다. 그리고 노예해방이 되더라도 흑인들에 대한 감독과 관리가 뒤따라야 한다고 강조했다.

독립된 새로운 국가의 이념인 자유는 백인 지배세력 재산의 안정과 보호를 의미했다. 그리고 평등은 여성과 흑인의 권리와는 거리가 멀었다. 노예제 폐지를 보장한 볼리바르의 배신에 참전 흑인들은 동요하기 시작했다. 공약을 저버린 지배세력의 이념과 실천의 불일치를 비판하면서 이들은 자유를 주장하기 시작했다. 백인 지배세력은 노예제 폐지를 독립전쟁 동원 수단으로 활용하였다. 독립 이후 다시 식민노예제는 부활하였다.

볼리바르는 1825년 아이티 뻬띠옹 대통령이 개최한 근린의회(Congreso Anfictiónico)에 불참하고 아이티와 외교를 단절하겠다는 의지를 보였다. 또한 그는 콜롬비아와 가이아나의 독립전쟁에서 수훈을 세운 흑인 고메스(Manuel Carlos Piar Gómez)를 처형했다. 그리고 독립전쟁의 영웅으로 부상한 뜨라팔가르(Trafalgar)는 볼리바르 암살 음모자로 누명을 씌워 사살했다. 마라까이보(Maracaibo) 전투에서 승리를 선사한 빠디야(José Prudencio Padilla, 1784~1828)와 그의 동료들도 1828년 볼리바르에 의해 역사 속으로 사라졌다.

독립전쟁 참전 이후 흑인들은 지역별로 조직과 제도 및 기구를 구축하여 흑인 공동체를 견고히 하는 활동에 집중했다. 이것은 자발적인 조직 및 자신들의 집단적 정체성을 공적으로 주장하는 노력의 일환이었다. 또한 사회 깊이 뿌리 박힌 인종 억압적 가치와 제도에 저항하는 흑인 저항대중을 형성하려는 정치적 의도를 갖고 있었다.

이처럼 노예체제에 저항한 흑인들은 단순히 백인 건국자들의 이념을 채택하여 그에 동화되거나 전유한 것이 아니다. 아프리카에 뿌리를 두고 있는 인종은 노예제와 인종적 편견에 대한 백인 지배세력의 묵인이 자유와 평등사상에 입각한 건국이념과 상반되는 행동이라고 비판하였다. 이를 바탕으로 흑인저항 담론을 구축해나가기 시작했다. 그리고 노예제 폐지에 대한 볼리바르의 위선을 폭로하면서

빠디야 기념우표와
빠디야 동상(콜롬비아 해군사관학교)

식민체제를 통해 인종주의가 이미 유산이 되어버린 현실에 저항했다.

노예제 반대사상과 이념의 저변에는 흑인급진주의 사상이 깔려 있다. 이들은 노예제 종식뿐 아니라 흑인 시민권 혹은 아이티 흑인공화국의 발전을 예찬했다. 아이티 혁명은 흑인의 정치적 상상력과 이념적 영감을 제공했다. 노예제 폐지를 위해 투쟁한 이들은 노예보다 죽음을 선택한 아이티 민중의 독립정신을 찬양했다. 그리고 자신들의 투쟁에서 혁명을 재구성하고 그것에 새로운 의미를 부여했다.

노예제 폐지와 빨렝께

생산자에 대한 직접적인 통제가 어려워지자 억압과 폭력을 도구로 부의 극대화를 유지한 지주계급의 특권은 도전에 직면했다. 누에바 그라나다는 식민 초기부터 광산물을 통해 시작된 중상주의와의 지속적인 관계에도 불구하고 수출입을 통한 무역활동은 여전히 취약했다. 그러므로 원주민 노동력을 바탕으로 한 아시엔다 제도는 지속되었다. 이러한 지속은 지역에서 차별적으로 농업 발전을 가능케 했다. 농업 생산관계는 지배적인 아시엔다로부터 파생된 유산을 이어갔다.

18세기 초 지주계급의 이해에 충실한 새로운 경제발전 프로젝트가 추진되었다. 그리고 새로운 생산관계를 발전시키기 위한 사회적 틀이 마련되었다. 식민사회는 혼혈을 통해 인구가 팽창했으며, 다양한 사회세력이 구성되었다. 또한 식민사회 질서로부터 도피와 저항을 상징한 시마론들에 의해 새로운 사회조직과 규범의 틀이 완성되었다.

이러한 상황 아래 백인 농장주 끄리오요들은 아시엔다를 통해 사법적으로 그들이 통제할 수 없는 일부 지역 토지를 대상으로 토지의 부분적 소유를 허용하는 농민경제를 불평등하게 전개해나갔다. 18세기 중반 이후 아시엔다는 흑인 노예 노동력과 함께 메스티소 소작농이 제공하는 노동력을 함께 이용했다. 원주민 인구의 격감과 함께 원주민 부역 노동력 유지가 곤란하게 되자, 농장주가 직접 원주민을 고용해서 농장 안에 정주시키는 고용 형태가 등장했다. 메스티소 소작농은 농장주에게 토지임대료로 생산품의 일부를 바치거나 노동력을 직접 제공하는 방식의 노동력을 제공했다.

아시엔다의 고용노동은 목축업과 함께 확산되었다. 그리고 노예노동력은 더 저렴한 메스티소 노동력으로 대체되었다. 아시엔다는 부족한 자본과 기술 그리고 방대한 미경작지를 효과적으로 운영할 수 있는 목축업을 중심으로 팽창했다. 목축업 중심의 아시엔다 확장에도 불구하고 대서양 연안에 위치한 아시엔다에서는 노예노동을 바탕으로 토지사용의 극대화를 통해 지주의 이익을 보장해주는 연중 재배 농작물 생산에 주력했다.

19세기 초 농촌지역을 중심으로 노예제 폐지에 대한 논의와 함께 부분적으로 노예제가 붕괴되기 시작했다. 노예제 폐지는 풍부한 메스티소 노동력과 예외적 가사노동을 통해 강제된 메스티소 노동력이 확보되었기 때문에 가능했다.

지주에게 메스티소 노동력은 1회 생산과정에서 그 이용가치가 소진되는 것이 아니었다. 몇 차례 생산과정에서 고정적 기능을 한 다음, 그 내구성에 한계가 도달할 때 비로소 기능을 잃게 되는 고정자본이었다. 고정자본으로서 메스티소 노동력은 지주에게 생산의 기회를 잃게 된 다른 생산물을 생산하여 이익을 확보할 수 있는 기회비용을 제공해주었다.

1847년 1월 노예제 전면 폐지법이 공포되었다. 1852년 노예제 폐지는 효력을 발생하기 시작했다. 그러나 이것은 새로운 형태의 노예제를 의미했다. 단지 명목상의 노예제 폐지였다. 노예제 폐지 이후 자유인으로 돌아온 흑인 노예들은 기억의 땅 아프리카로 돌아가거나 대서양 연안의 아시엔다에서 값싼 노동을 제공하는 일용직 노동군단을 형성했다. 19세기 노예제 폐지와 함께 시마론은 더 이상 존재하지 않았다.

식민체제에 대한 저항의 상징이었던 빨렝께도 그 의미를 상실했다. 콜롬비아의 시마론 후손들은 도시로 혹은 베네수엘라로 이주하였고, 빨렝께 공동체는 급격히 해체되거나 도시화되었다. 이러한 과정에서 빨렝께 데 산 바실리오 시마론 공동체는 카리브 해 지역에서 유일하게 생존했고, 1940년대 중반까지 외부와의 단절을 통해 고유의 문화와 전통을 유지해오고 있다.

1930년대 중반 정권을 장악한 콜롬비아 자유당 정권은 정치, 사회, 경제 전반에 걸친 현대화 정책을 추진하였다. 이러한 과정 속에 공유지와 미개간 국유지에 대한 개인소유화는 가속화되었다. 그 결과 토지집중 현상이 심화되었고, 노동자로 전락한 농민의 빈곤화가 초래되었다. 1930~1945년 사이 정부(Enrique Olaya Herrera 1930~1934; Alfonso Lopez Pumalejo 1934~1938; Eduardo Santos Montejo 1938~1942; Dario Echandia Olaya 1943~1944)가 실시한 토지개혁법을 통해 공유지의 흡수합병과 공유지의 불하정책 등으로 급격하게 발전한 토지의 사적 소유화는 빨렝께 데 산 바실리오의 광활한 토지가 지역의 독점 세력에게 점유당하는 결과를 초래했다.

또한 인근 지역의 공업 성장과 공공사업으로 인한 도시노동력 증가로 농민들의 도시 이주가 촉진되었으며, 토지로부터 농민들의 이탈을 가속화했다. 특히 대서양 연안 지역에서 농민의 이주는 집중적으로 진행되었다. 이러한 토지 사유화로 인한 경제, 사회 체제의 변화가 진행되었음에도 불구하고 빨렝께 데 산 바실리오 흑인 공동체는 1940년대 중반까지 의미 있는 외부와의 접촉은 이루어지지 않았다.

노예제 폐지 이후 라틴아메리카 대부분의 흑인 공동체 문화가 해체되거나 혹은 타문화와의 접촉을 통해 문화적 변용을 경험한 것에 반해 빨렝께 데 산 바실리오는 자신들의 고유문화와 정체성을 유지하며 오늘날까지 생존하고 있는 유일한 흑인 시마론 후손의 공동체로 알려져 있다. 빨렝께 데 산 바실리오 흑인 공동체는 아프로-라틴 아메리카 디아스포라의 저항의 역사이고 빨렝께 문화는 아프리카에 대한 먼 기억의 파편들이 모아져 새롭게 재창조된 집단적 기억인 것이다.

4. 흑인 건국 엘리트의 지워진 역사

콜롬비아 유일의 흑인 대통령 니에또

JUAN JOSE NIETO GIL
1861 2o. Designado

니에또 대통령
(까르따헤나 지방사 책 표지)

라틴아메리카 역사 발전 과정 속에서 19세기 건국이념 실현에 기여한 아프리카계 후손의 역할과 리더십은 삭제되거나 기록으로 남겨지지 않는 경향이 있다. 이러한 역사의 중심에 콜롬비아 유일의 흑인 대통령 니에또(Juan José Nieto Gil, 1805~1866)가 자리한다. 라틴아메리카 지역에서 브라질에 이어 아프리카에 뿌리를 두고 있는 인종이 가장 많이 분포되어 있는 콜롬비아에서 니에또는 보통선거를 통해 대통령에 당선된 최초이자 마지막 흑인 대통령이다. 그리고 공식 역사 속에 기록으로 남아 있지 않은 건국 흑인 엘리트이기도 하다.

19세기 초 대부분의 주민이 흑인과 물라또로 구성되어 있는 콜롬비아의 카리브 해 연안 지역은 노예제 폐지를 중심으로 아프리카계 후손들의 반(反)식민운동이 격렬하게 전개되었다. 아프리카계 후손들은 엘리트의 절대적 통제에서 벗어나 저항세력을 구축하고 있었다. 이러한 상황 아래 니에또는 백인 중심의 건국 프로젝트에 동참하여 자신의 정치적 기반인 아프리카계 후손들에 대한 통제를 담당해야 했다.

니에또는 백인 엘리트 주도하에 추진된 탈식민화 과정에서 피부색에 따른 현실을 인식하며 주류 백인사회에 접근하기 위한 전략으로 글쓰기에 몰두했다. 지리서와 소설을 통해 건국 초기 야만으로 상징되었던 역사 속으로 사라진 수많은 원주민의 역사와 문화를 복원하였다. 그리고 원주민을 통해 백인 중심의 인종적 정체성을 세밀히 해부하였다.

니에또는 글쓰기를 통해 백인 엘리트에게 존재감이 약했던 원주민의 입을 빌려 급진사회세력으로 성장한 아프리카계 후손의 인종억압적 가치를 표출했다. 다양한 원주민 사회의 공존 그리고 원주민 보호지의 시장편입으로 인한 원주민 부족의 멸종에 대하여 경고를 아끼지 않았다.

이러한 과정 속에서 백인에 의해 삭제되고 침몰된 원주민에 대한 역사를 재구성하여 사회에 뿌리 내린 인종주의 속에 살아가는 아프리카계 후손들의 삶을 되돌아보게 했다.

식민 초기부터 콜롬비아의 카리브 해 연안 지역을 중심으로 아프리카계 후손은 식민노예제에 저항하며 공동체를 형성하였다. 또한 다양한 사회활동을 통해 백인 엘리트주의 중심의 사회에서 스스로의 차별화된 정체성 확립의 역사를 이어왔다.

19세기 아프리카계 후손들은 다양한 경로로 자유를 획득했지만 식민노예제의 경험으로 비롯된 백인 중심의 인종주의 사회에 동화하는 데 피부색이 장애가 된다는 것을 분명히 인식하고 있었다.

따라서 아프리카계 후손들은 백인 엘리트 주도하에 추진된 탈식민화 과정에서 저항운동을 전개했다. 이것은 급진적인 사회혁명으로 발전될 가능성이 매우 높았다. 건국시기 시마론은 노예제 폐지 및 혁명이념을 구현하기 위해 급진적인 사회운동을 전개했으며 또한 흑인 엘리트들은 글쓰기나 종교단체, 혹은 연설을 통해 자유 평등사상을 바탕으로 한 건국이념을 실현하고자 노력했다.

니에또는 피부색에 따른 자신의 한계를 인식하고 백인 엘리트 사회에 접근할 수 있는 수단으로 글쓰기에 집중하였다. 글쓰기는 자신의 의지를 공포하는 행위였으며 동시에 흑인도 백인과 같이 지적이고 도덕적인 능력을 갖춘 인간임을 알리는 방법이기도 했다. 1834년 『사회에서 인간의 권리와 의무*Derecho y Deberes del Hombre en Sociedad*』라는 소책자를 출판하여 군국주의를 비판하고 공화국의 자유주의 이상을 공개적으로 찬양했다.

또한 소설을 통해 원주민의 입을 빌려 식민노예제를 기초로 성장한 인종주의 사회를 비판하였다. 1838년 까르따헤나 지역의 다양한 원주민 공동체의 과거 역사와 문화를 포함한 『까르따헤나 지방지리서*La Geografía de la Provincia de Cartagena*』를 출판하여 카리브 해 지역에 공존하고 있는 다양한 원주민 공동체의 역사와 문화를 재구성하였다. 지리서는 백인 엘리트에 의해 주입된 인종적 편견에 대한 니에또의 반박이 반영된 것이라고 볼 수 있다.

　1980년대부터 콜롬비아를 대표하는 역사학자 보르다(Fals Borda)를 중심으로 공식 역사 속에 기록으로 남아 있지 않은 니에또 대통령 생애 연구가 시작되었다. 이와 함께 역사가들은 흑인 건국 엘리트의 역사적 공헌에 대해 주목하기 시작했다. 이러한 과정에서 니에또가 집필한 소설과 인문지리서 그리고 연설문과 신문기사가 세상 밖으로 모습을 드러냈다. 일부 학자들에 의해서 니에또의 역사는 복원되고 있다.

19세기 정치적 혼란과 니에또

니에또는 1805년 6월 24일 현재 콜롬비아의 아틀란타 (Departamento Atlántico) 주로 알려진 카리브 해에 위치한 작은 어촌 마을 바라노아(Baranoa)에서 태어났다. 그는 1810년 독립전쟁에 참전 하여 지도자로 부상했다. 1832년 산딴데르(Francisco de Paula Santander) 부통령은 니에또를 까르따헤나 정부창고 관리인으로 임명하였다. 이를 계기로 그는 지역의 공인으로 활동하기 시작했다.

1840년대에 발생한 자유와 보수 양당 간의 갈등으로 발생한 내전 에서 멜로(José María Melo) 장군의 쿠데타를 지원하여 정치적 발판을 마련했다. 그리고 주교 또레스(Pedro Antonio Torres)의 추천으로 1851 년 까르따헤나 지방통치자로 임명되었다.

이후 보수주의 마리아노(Mariano Ospina Rodríguez, 1857~1861)와 자유주의 모스께라(Tomás Cipriano de Mosquera, 1861~1864, 1866~1867) 정부 시기 권력 공백기에 보통선거를 통해 대중적 지지를 확보하여 1861년 6월 콜롬비아 최초의 흑인 대통령이 되었다.

니에또는 평범한 가정에서 성장했음에도 불구하고 독립의 혼돈 속에서 사회적 균열을 이용하여 지역의 주요 인사들과 친분을 교류 했다. 니에또의 신분상승과 사회적 인맥은 재혼한 두 번째 부인을 통해 형성되었다. 부인은 스페인 까스띠야에서 생산된 상품에 대한 독점수입 판매권을 상속받은 재계 거물이었다. 당시 장인은 식민정부 의 재무공무원이었고 독립 이후 까르따헤나 대법원장을 역임한 지역 의 주요 인사였다.

독립 이후 볼리바르는 지역분쟁과 함께 지속된 정치적 혼란 속에 서 식민 질서를 바탕으로 국가독점 경제체제를 유지했다. 이것은 중상주의자를 중심으로 한 수공업자 및 개혁주의 엘리트의 결속을 강화하는 계기가 되었다. 결국 1846년 개혁을 표방한 모스께라 정권이 등장하였다. 엘리트들은 부를 축적하고 계급적 우위를 유지할 수 있는 수단으로 중상주의에 관심을 기울였다. 이러한 과정에서 식민체제를 유지하려는 지주와 개혁주의 엘리트들의 갈등이 야기되었다. 이러한 갈등은 콜롬비아의 자유와 보수 양당 형성의 발판이 되었다.

1849년 로뻬스(José Hilario López) 정권의 등장을 계기로 보수와 자유 양당이 확립되었다. 로뻬스 정부는 원주민 보호구역 철폐, 노예제 폐지 그리고 지방분권화를 골자로 개혁을 추진했다. 그러나 개혁은 특권계급의 부를 극대화하는 데 공헌했다. 개혁의 혜택은 자유와 보수 이념적 경계 없이 엘리트에게 분배되었다. 개혁은 오히려 자유주의 동일 계파 내의 자유무역을 지지하는 세력과 수공업자를 중심으로 한 보호무역을 주장하는 세력 간의 갈등을 야기했다.

1853년 선거를 앞두고 멜로 장군 중심의 급진자유주의 세력은 보호무역을 추구하는 에레라(Tomás Herrera)를 지지했으나, 상공업자의 후원으로 자유무역주의자 오반도(José María Obando) 장군이 정권을 창출하였다. 그 결과 자유주의 내의 계파 간 갈등은 심화되었다. 오반도 정부는 신헌법을 통해 자유무역을 강화하고 진보적인 노선을 견제했다. 이러한 상황 아래 멜로 장군은 수공업자와 동맹을 형성하여 1854년 쿠데타로 권력을 장악했다.

멜로 장군은 의회를 해산하고 헌법을 철폐했다. 그리고 교회와 관계를 회복하기 위해 예수회의 복귀를 허용했다. 이러한 독재체제에 저항하여 로뻬스 전 대통령은 남부 지역에서 반란군을 지휘하며 멜로 정권 붕괴를 주도하였다. 멜로 장군은 군을 강화하여 권력을 유지했으나 1855년 반란세력에 의해 붕괴되었다.

멜로의 쿠데타를 지원했던 니에또는 산딴데르 장군과 서신을 통해 연방주의에 대한 정치적 이상을 교류했다. 1859년 니에또는 보수주의 환 안또니오(Juan Antonio Calvo) 정권 전복을 도모하였고, 이듬해 6월 모스께라 장군과 동맹하여 볼리바르 주(Departamento de Bolívar)의 분리 독립을 선언했다. 마리아노 오스삐나(Mariano Ospina Rodríguez) 중앙집권 체제를 붕괴시킨 모스께라 대통령은 잠시 정치 일선에 물러나 니에또를 지원하였다.

모스께라의 지원으로 니에또는 국가 최고 통치자가 되었다. 그러나 모스께라를 추종하던 까라소(Antonio González Carazo) 장군이 1863년 다시 쿠데타에 성공함으로써 니에또 정권은 붕괴되었다. 이러한 정치적 혼란 속에서 니에또는 1866년 7월 16일 생을 마감했다.

19세기 초 독립 이후 콜롬비아의 아프리카계 후손들은 노예제 폐지를 중심으로 급진주의 사회운동을 전개하였다. 그러나 원주민은 조직적인 저항세력으로 성장하지 못했다. 인근 다른 국가의 백인 엘리트들이 원주민의 전통을 신화한 것과는 달리, 볼리바르는 누에바 그라나다 지역 원주민의 전통을 진지하게 생각하지 않았다.

오히려 국가건설 과정에서 백인 지배세력은 '진보'라는 명목 아래 유럽문화를 적극으로 유입하는 노력을 기울였다. 이러한 과정에서 원주민과 메스티소 혼혈문화는 열등의 근원으로 평가되었고 혼혈과 흑인은 부정적으로 인식되었다.

신생공화국에서 원주민과 메스티소는 구시대 유물이거나 사회 진보와는 거리가 멀었다. 라틴아메리카 지역에서 아프리카계 후손들을 중심으로 전개된 저항운동이나 원주민 후손들에 의해 발생한 혁명의 경험은 사회의 비유럽적 요소를 문화적 역량의 원천으로 인식하는 계기가 되기도 했다. 그러나 이것은 사회개혁의 진정한 동력으로 발전하지는 못했다. 단지 지배 엘리트들의 통치이데올로기로 활용되었을 뿐이다.

흑인 엘리트 니에또

콜롬비아 카리브 해 연안 까르따헤나 지역민의 절대다수를 차지하는 아프리카계 후손은 니에또의 정치적 기반이었다. 그러나 다른 한편, 그는 건국 초기 사회질서 유지에 주력했던 백인 엘리트의 정치적 동반자이기도 했다.

당시 흑인과 물라또는 엘리트의 절대적 통제에서 벗어나 저항세력을 구축하고 있었다. 이러한 상황 아래 백인 지배세력은 인종주의를 바탕으로 문명화와 사회질서 회복 정치 프로젝트를 추진하였다. 이러한 과정에서 니에또는 중추적인 책임을 담당하였다.

니에또가 산딴데르와 당시 주고받은 서신에서 발견할 수 있듯이 니에또는 백인 중심의 건국 프로젝트에 저항세력에 대한 통제의 책임을 지고 있었다. 니에또는 자신의 정치적 기반인 아프리카계 후손들에 대한 통제를 담당해야 했던 흑인 엘리트였다.

19세기 새로운 국가건설 과정에서 아프리카계 후손과 원주민은 문명화라는 명목 아래 통제되어야 했던 대상이다. 식민초기부터 까르따헤나 지역의 아프리카계 후손들은 식민노예제에 저항하며 공동체를 형성했다. 또한 다양한 정치, 사회활동을 통해 자신의 문화에 가치를 부여하며 반(反)식민운동을 주도했다. 그리고 아프리카에 뿌리를 둔 인종을 야만시하던 지배이데올로기에 맞서 스스로의 차별화된 정체성 확립의 역사를 이어왔다. 노예제 폐지를 위해 투쟁했던 아프리카계 후손들은 자유와 독립의 건국이념이 진정한 노예해방을 통해 실현되기를 기대했다.

독립 이후 여전히 유지되고 있는 인종적 질서 아래 아프리카계 후손들은 볼리바르의 이념과 실천의 불일치를 비판하면서 급진적인 사회운동을 전개하였다. 그리고 공화국의 민주적 가치와 자유를 주장하며 백인 엘리트주의 중심의 정치체제에 대한 저항세력을 구축했다. 백인 엘리트 주도하에 추진된 탈식민화 과정에서 누에바 그라나다 지역의 아프리카계 후손들의 확산된 저항은 급진적인 사회혁명으로 전개될 가능성은 매우 높았다.

이러한 상황 아래 니에또는 글쓰기를 통해 엘리트 사회 저변에 확대된 지적 생산 형식에 기초하여 급진적인 입장보다는 역사발전 과정에서 다양한 인종이 공동으로 형성해온 역할을 강조했다. 니에또는 당시 조직적인 사회 저항세력으로 성장하지 못한 원주민 그룹의 다양성과 문화적 공존을 재평가하였다. 상대적으로 백인 엘리트들에게 위협세력으로 인식되지 않았던 원주민을 전면에 내세워 사회에 뿌리 깊게 자리한 인종주의를 되돌아보게 했다.

그리고 원주민의 입을 통해 급진주의 세력으로 성장한 아프리카계 후손들의 표현방식을 빌려 건국이념에 반하는 백인 엘리트들의 통치 현실을 비판했다. 1834년 출판된『사회에서 인간의 권리와 의무』라는 소책자에서 니에또는 군국주의를 비판하고 공화국의 자유주의 이상을 공개적으로 찬양했다.

19세기 독립을 달성한 라틴아메리카 지역은 권력의 공백으로 인한 정치적 혼동에 휩싸였다. 누에바 그라나다 지역은 초기 볼리바르의 강력한 중앙집권 체제에 반발하여 지방정부는 직무를 유기하고 행정문서 관리에 소홀하였다.

부통령 산딴데르는 이러한 점에 주목하여 지역통제 강화를 위해 정보체계화에 관심을 기울였다. 지방정부를 원활하게 운영하기 위해 관할구역의 영토를 정확하고 체계적으로 이해하는 것이 무엇보다도 시급하다고 판단했다. 자연은 물론 인간과 자연환경의 상호작용 결과로 나타나는 인구, 취락, 문화 등에 관한 체계적인 정보 관리가 중요했다.

1823년 정부는 법률을 제정하여 지방정부에 지도제작을 의무화했다. 지도는 노예와 자유민을 분류한 인구 현황을 포함하여 지역의 주요 생산품도 기록하였다. 1835년 8월 7일 니에또는 산딴데르와 주고받은 서신을 통해 지역의 자연과 역사 그리고 문화 인식에 대한 중요성을 언급했다. 그리고 그는 산딴데르의 연방체제 추진 과정에서 인문지리서 출판의 필요성을 강조했다. 니에또는 지역의 지리와 역사에 대한 이해는 정치적으로 주민통제 강화에 유용한 수단임을 역설했다.

니에또는 까르따헤나 지역의 특성을 정리 분석하고 인구, 자원, 환경 및 지역의 역사발전 과정 등을 정리한 종합적인 지리서 편찬에 주력했다. 그 결과 1839년 자유민과 노예로 분류한 인구 현황, 농업, 목축업, 광업 및 지역경제 활동, 야생동물, 기후, 주요 질병 등 그동안 활용되지 않았던 광범위한 자료가 포함된 『까르따헤나 지방 인문지리서 *La Geografía Histórica, Estadística y Local de la Provincia de Cartagena*』를 완성하였다. 지리서 집필을 시작으로 니에또와 산딴데르의 정치적 교류는 강화되었다.

니에또의 리더십과 역사 인식

19세기 니에또는 아프리카계 후손 엘리트로서의 자신의 한계를 인식하고 자신이 의지를 표출 수단으로 글쓰기에 몰두하였다. 그리고 대다수의 독자층이 백인으로 형성되어 있는 상황에서 그들의 기호를 반영하여 당시 유행하던 지적 생산 스타일에 따라 자신의 입장을 전개했다. 제한된 형식과 표현이었지만 글쓰기는 백인 엘리트 사회에 접근할 수 있는 수단이었다. 따라서 니에또에 의해 출판된 작품은 건국시기 흑인 엘리트의 역사인식과 리더십을 고찰할 수 있는 중요한 단서를 제공해준다.

리더십은 어느 한 가지의 입장이나 인식태도로 규정할 수 있는 성질의 것이 아니며 지도자의 개인적 특성, 조직의 집단 효과 그리고 지도자가 처한 시대상황 등의 상호 관련 속에서 접근해야 하는 복합성을 띠는 것이라고 볼 수 있다.

스펜서(Herbert Spencer) 및 사회결정론자들은, 리더는 역사진로에 중요한 영향력을 행사할 수 없다고 지적하면서 상황론적 접근법을 제시하였다. 상황론적 접근법은 리더십의 효율성이 지도자와 집단의 성격, 직무의 특징, 시간과 장소 등 상황에 따라 달라지는 사회적 요인을 중요시한다. 리더십에 대한 연구에서 인식해야 할 것은 지도자 개인의 생애와 환경, 개성과 성격, 그리고 그가 활동한 기간의 상황적 변수 및 상황적 변수 간의 상호작용이 중요하다는 사실이다.

니에또는 노예제 폐지에 대한 볼리바르의 배신과 중앙집권체제에 반발한 대가로 4년 동안 자메이카(Jameica)의 킹스톤(Kingston)에서 망명생활을 하게 된다. 그는 망명기간 중 1839년『잉헤르미나 *Ingermina*』혹은『깔라마르의 딸*La hija de Clalmar*』이라는 소설을 출

니에또의 소설 잉헤르미나 표지

EL AUTOR:
JUAN JOSÉ NIETO GIL

Fotografía tomada de:
http://upload.wikimedia.org/wikipedia/co-
mmons/a/af/Juan_Jose_Nieto_Gil.jpg

ESCRITOR, periodista, ensayista, militar, político colombiano, nació el 24 de junio de 1805 en Cibarco, un caserío ubicado en Baranoa, en lo que antes era el Estado de Bolívar y hoy es el departamento del Atlántico, y falleció el 16 de julio de 1866 en Cartagena.

Mulato y liberal, Nieto Gil es precursor de una legión de escritores y políticos caribeños em-

peñados en rescatar los valores del mestizaje y en reivindicar lo regional frente al centralismo santafereño, como lo hiciera también el poeta y dramaturgo Candelario Obeso (1849-1884). Con respecto a los valores étnicos de los indígenas americanos y de los esclavos traídos a la fuerza desde África, escribió, en 1834, el ensayo *Derechos y deberes del hombre en sociedad*, en el que adhirió a los postulados federalistas de Francisco de Paula Santander, y en 1839, *Geografía histórica, estadística y local de la provincia de Cartagena*.

En 1839 había formado parte de la Cámara Provincial de Cartagena y un año después participó en la llamada guerra de los Supremos, pero fue derrotado y tuvo que asilarse en Jamaica, la misma isla que había servido de refugio al Libertador Simón Bolívar.

En Jamaica, añorando su país, escribió las novelas históricas *Ingermina o La hija del Calamar* (1844) y *Los Moriscos* (1845), la primera de las cuales fue publicada en español pero en una editorial en la que los impresores eran jamaiquinos angloparlantes, por lo que él se quejaba de que tenía muchos errores, según expresó al donar en 1856 un ejemplar a la Biblioteca Nacional.

저자 소개

판했다. 또한 파나마 차그레(Chagre) 투옥생활의 경험을 바탕으로 집필한 『조개들Los Mariscos』과 『로시나 혹은 차그레의 압박Rosina o la Presión de Chagres』이라는 소설도 출판했다.

소설 집필 당시 니에또는 이미 아프리카계 후손의 지도자로 부각되어 지지기반을 구축하고 있었다. 또한 프리메이슨단(비밀공제조합)의 회원으로 활동하며 카리브 해 지역사회 저항세력과 관계를 유지하고 있었다. 자메이카에서의 망명생활은 오히려 니에또가 자신의 정치적 외연을 확대하는 데 기여했다.

잉혜르미나는 작품 속에 등장하는 주인공의 이름이다. 니에또의 정치적 경험과 유사한 삶을 살아가는 인물이기도 하다. 니에또의 가장 대표적인 소설로서 정복자 에레디아(Pedro Heredia)의 카리브 해 식민정복 과정을 재구성한 작품이다.

소설은 에레디아의 형제 알론소 에레디아(Alonso Heredia)와 원주민 족장 오스따론(Ostarón)의 수양딸인 잉혜르미나의 사랑과 만남을 중심으로 전개된다. 오스따론에게는 친딸 까따르빠(Catarpa)가 있다. 그러나 그녀는 아버지의 공동체 이주 움직임에 반대하여 산으로 도주하였다. 그리고 원주민 저항세력을 조직하였다.

오스따론은 이웃 부족을 침입하여 족장 마르꼬야(Marcoya)를 암살하고 지배영역을 확대해나갔다. 잉혜르미나는 오스따론이 암살한 마르꼬야의 딸이다. 그러나 마르꼬야 역시 잉혜르미나의 친부는 아니다. 그녀의 아버지는 세비야(Sevilla) 출신의 귀족으로서 스페인 식민정복에 참여한 벨라스케스(Juan Velásquez)라는 인물이다. 벨라스케스는 원주민과 격렬한 전투가 전개되는 동안 도주하였고, 이러한 과정에서 그의 딸 잉혜르미나는 버려졌다.

마르꼬야는 벨라스케스 세력을 진압했다. 그리고 이미 임신 중인 벨라스케스의 아내 타아모라(Táhamora)를 탐하고 벨라스케스를 몰아냈다. 이후 세력을 확장하던 마르꼬야는 오스따론에 의해 붕괴되었다. 그리고 잉헤르미나와 타아모라는 오스따론의 새로운 가족이 되었다.

잉헤르미나가 알론소 에레디와 사랑의 결실을 맺기 전 백인 청년 바디야(Francisco de Badilla)는 그녀에게 사랑을 고백한다. 바디야는 정당하고 선량한 청년이다. 그럼에도 불구하고 잉헤르미나는 원주민 정복자의 동생과 사랑의 결실을 맺는다.

잉헤르미나의 언니 까따르빠는 원주민 반란을 주도한 인물이다. 분명한 정치적 색채를 띠고 있음에도 불구하고 원주민 시누(Sinú) 공동체가 정복되는 과정에서 거행된 잉헤르미나 결혼식 축하객으로 등장한다. 까따르빠는 가장 절도 있고 성실한 원주민인 것이다. 그리고 피를 나누지는 않은 동생 잉헤르미나를 가족으로 인정하며 원주민의 공격으로부터 그녀를 보호한다.

니에또는 주인공 잉헤르미나가 오스따론의 수양딸이 되는 과정을 통해 다양한 인종의 결합을 묘사한다. 그리고 백인 정복자 에레디아의 동생과 원주민의 딸 잉헤르미나의 낭만적인 사랑을 통해 혼혈의 정체성을 이상적으로 표현한다. 또한 대부분이 아프리카계 후손으로 구성되어 있는 까르따헤나를 무대로 소설을 구성하여 흑인이 아닌 원주민을 통해 인종과 혼혈에 대한 자신의 인식을 표출한다.

소설 『조개들Los Mariscos』에서도 니에또의 이러한 표현방식을 엿볼 수 있다. 이 소설은 스페인의 국토회복전쟁 기간 중 자신의 영토로부터 추방당한 이슬람 가족의 이야기를 다루고 있다. 소설의 중심인물은 망명지 자메이카에서 불안했던 자신의 삶과 유사한 상황에 놓여 있는 모로인들이다. 니에또는 과거 자신의 망명경험을 토대로 현실을

까르따헤나 에레디아 동상

비판한다.

　소설 『잉헤르미나*Ingermina*』에서 무엇보다도 시선이 집중되는 부분은 원주민의 자유, 애국심, 독립 그리고 강한 자존감이다. 오스따론의 딸 까따르빠는 공동체의 도시 이주를 반대한 원주민 저항세력을 대표한다. 그녀는 근대적 언어로 종족의 주권과 자유를 주장한다. 스페인 정복에 의해 근대적 요소가 유입되기 전 이미 원주민 까따르빠는 근대사상에 입각하여 자신의 의지를 표출한다.

　잉헤르미나 소설의 시대적 배경은 정복과 식민 시기이지만 등장인물의 언어는 19세기 사회의 보편적 가치를 반영하고 있다. 원주민 까따르빠의 연설은 까르따헤나 지역 대다수를 구성하고 있는 아프리카계 후손의 시대적 언어에 가깝다. 니에또는 사회 저항세력으로 부각되지 않았던 원주민의 입을 통해 시대적 가치와 보편적인 사상을 대변하고 있음을 알 수 있다.

니에또의 소설은 19세기 중반 콜롬비아 주류 문학사조에서 나타나는 경향과 분명한 차이를 보인다. 이성애의 사랑과 시대적 사상을 반영한다는 점에서 당시 소설과 유사하지만, 소설의 배경과 등장인물의 언어 사이에는 시·공간적 모순이 존재한다.

1858년 출판된 콜롬비아의 대표적인 역사소설 디아스(Eugenio Díaz)의 『마누엘라Manuela』는 개인의 삶을 바탕으로 19세기 중반 자유와 보수 양당의 갈등을 중심으로 전개된 시대상을 그대로 반영하고 있다. 소설은 국내 정치적 혼돈에 대한 작가의 시대정신으로 가득차 있다.

디아스는 아프리카, 스페인 그리고 원주민 등 다양한 인종의 혼혈 사회를 언급하며 특히 안띠오끼아 주 레띠로(Retiro) 지역 사탕수수 분쇄 노동에 동원된 노동자의 박탈된 삶을 통해 토지문제, 지주의 탐욕, 소작농문제, 노동자의 열악한 노동환경을 묘사한다. 『마누엘라』는 19세기 사회갈등의 주요 원인을 그대로 반영하고 있는 것이다.

19세기 원주민은 백인 지배 엘리트의 정치, 사회적 통제 수단으로 활용되었을 뿐 중요한 의미는 지니지 않았다. 이러한 상황에서 니에또는 원주민을 소설의 중심인물로 등장시켜 의미를 부여했다. 동시에 잉헤르미나를 사랑했던 백인 청년 바디아를 선량하고 정당한 인물로 묘사하여 스페인 지배세력에 대한 경멸이나 증오의 감정은 노출하지 않는다. 또한 정복자 벨라스케스의 딸 잉헤르미나가 원주민의 딸로 성장한 것은 다양한 인종의 결합을 통해 공존의 삶을 상징한다고 이해할 수 있다.

식민노예제에 뿌리를 두고 발전한 백인중심의 사회에서 경멸의 대상이었던 흑인 엘리트 니에또는 제한된 범위 내에서 자신의 의지를 표출할 수밖에 없었다. 당시 흑인과 물라또 중심의 급진세력을 기반으로 성장한 니에또는 자신의 영향력과 동원능력을 인지하고 있었다. 따라서 정치 사회적 갈등의 상징인 아프리카계 후손을 전면에 등장시켜 자신의 의지를 표출하는 것은 주류사회의 가치로부터 외면당할 수 있음을 알고 있었다. 그러므로 그는 보이지 않는 존재로 잊혀가던 원주민의 과거 역사를 재구성하여 현실을 투영한 것이다.

니에또 인문지리서

1839년 출판된 니에또의 인문지리서는 누에바 그라나다 공화국 최초의 지역인문지리서로 알려져 있다. 니에또는 원주민 공동체의 역사와 문화를 중심으로 지리서를 구성하였다. 니에또의 지리서는 19세기 지방 고대사를 연구한 학자들의 자료를 복원하여 재구성되었다. 까르따헤나 지역 원주민에 대한 역사는 시몬(Pedro Simón)의 연구자료를 기초로 완성되었다. 19세기 지방사에서 볼리바르 지역 연구는 주로 원주민 공동체에 집중되었다.

1866년 모스께라 정권에 의해 출판된 『일반지리의 이해 Entendimiento de la geografía general』라는 지리서에서도 원주민을 토대로 지방의 역사를 기록으로 남겼다. 1871년 지방사와 지리연구는 역사학자, 고고학자 그리고 인류학자 중심으로 진행되었다. 그러나 연구의 대부분은 고대 혹은 식민시기에 집중되었다.

식민시대부터 원주민의 규모는 축소되었다. 여전히 다양한 공동체가 공존하고 있음에도 불구하고 독립 이후 콜롬비아 정부는 막달레나 강(Rio Magdalena) 일부 지역을 대상으로 실시한 인구조사에 의존하여 카리브 해 전역 원주민 공동체를 관리하였다. 정부가 실시한 인구조사는 흑인, 물라또 그리고 삼보 등 아프리카계 후손을 대상으로 진행하였다. 당시 원주민 인구에 대한 현황은 자료로 남아 있지 않았다.

콜롬비아 국내 역사학계에서 건국초기 원주민에 대한 연구는 거의 부재한 실정이다. 1984년 이후 보르다에 의해 19세기 헤과(Jegua)와 과스꼬(Guazco) 원주민 보호지에 대한 연구가 진행되었지만 독립 이후 카리브 해 지역 원주민의 역사는 주요 연구대상이 되지 못했다.

그러나 연구부재가 건국 초기 이미 카리브 해 지역 원주민은 사라졌다고 평가하는 근거가 될 수는 없다.

1812년 9월 11일 까르따헤나 아프리카 후손들의 밀집 지역 헷세마니에서 주류세 인상에 반발한 물라또들의 저항운동이 전개되었다. 이 사건을 계기로 반(反)식민운동은 전국적으로 확산되었다. 식민정부에 대한 아프리카계 후손들의 저항은 당시 보이지 않은 존재로 여겨졌던 원주민들에게 상당한 영향을 미쳤다. 이를 계기로 원주민들은 자신의 토지를 둘러싸고 중앙정부와 대립관계를 형성했다.

1830년대 까르따헤나에서 발행된 신문 기사를 살펴보면 당시 니에또는 지방의회에서 누구보다도 원주민 공동체 보호에 관심을 기울였던 정치인이었다. 보호지에 대한 니에또의 입장은 소설『잉헤르미나Ingermina』도입 부분에서도 발견된다. "…공화국 체제에서 원주민 문제의 축소는 보호지 문제에 대한 중요성을 동시에 축소시켰다. (…) 보호지에 거주하던 원주민은 결국 빈농으로 전락했다."

정부와 원주민의 갈등은 시민으로서의 권리와 관련된 문제였다. 니에또는 정치적 헤게모니를 유지하고 있는 동안 원주민 권리 수호에 앞장섰다. 그는 보호지 토지에 대한 원주민의 권리, 원주민 토지 소유 승인을 위한 토지구획 정리 및 개간, 원주민 의회대표 임명, 원주민 권리에 대한 근대적 법 조항 마련을 골자로 원주민 권리 보호에 노력을 기울였다. 뚜바라, 말람바, 혜과, 과소, 똘루비에호(Toluviejo)와 산 안드레스 데 소따벤또(San Andrés de Sotavento) 원주민 공동체는 자신의 토지 및 권리 수호를 위해 가장 적극적으로 활동하였다.

카리브 해 원주민

19세기 일부 역사가들은 식민경험으로 사라졌던 원주민의 일상과 언어를 복원하는 데 노력을 기울였다. 이러한 노력의 일환으로 많은 지명은 칩차(Chibcha) 부족의 언어로 대체되었다. 현재 콜롬비아의 수도 보고따가 속해 있는 꾼디나마르까(Cundinamarca) 주는 법령을 통해 원주민 언어로 대체된 지명이다. 같은 방식으로 지역 역사가들은 지방사를 통해 원주민의 역사와 문화를 재구성하였다.

까르따헤나 지역은 카리브 해 원주민에 대한 과거를 복원하면서 깔라마르(Calamar) 부족을 지역의 상징으로 부각시켰다. 20세기 접어들어 라틴아메리카 사회는 유럽중심의 사고와 문화적 추종에 대한 의문을 제기하며 원주민의 역사와 문화 복원을 통해 정체성을 확립하려는 경향이 나타났다.

카리브 해 지역은 다양한 원주민 공동체가 공존했다. 주요부족인 시누족은 뜨라뽀낙시(Traponaxy)로 불리는 이웃 원주민과 동맹관계를 형성하였고, 공동체 내의 주요결정은 부족장이 동맹부족장과 의견교환을 통해 결정되었다.

뚜르바꼬족(Turbaco)은 매우 호전적이었고 깔라마르족은 까르따헤나 부근에 위치한 까렉스(Carex), 마따라빠(Matarapa), 구스삐께(Cuspique) 등 인근 원주민 공동체와 협력관계를 유지했다. 니에또는 지리서 서문에 원주민의 일상, 관습 그리고 깔라마르의 종교도 소개한다. 이러한 과정을 통해 원주민 사회의 조직체계와 고도로 발달한 문명을 설명한다. 깔라마르 문화는 카리브 해 원주민 문명 중 가장 번성하고, 강력한 고대문명이었다.

19세기 카리브 해 원주민은 사회 저항세력으로 성장하지 않았

카리브 해 깔라마르 원주민 토산품(까르따헤나)

으며 정치변혁을 추구한 급진세력을 대표하지도 않았다. 니에또의 『잉헤르미나』를 19세기 콜롬비아를 대표하는 역사소설 『마누엘라』, 『마리아*Maria*』와 비교해 볼 때 가장 특징적인 것은 원주민주의(Indigenismo)를 토대로 소설이 전개되고 있다는 점이다.

작품의 중심이 원주민인 것은 사회 저항세력으로서 흑인의 존재감보다는 상대적으로 가벼웠기 때문이다. 독립전쟁 기간 동안 아프리카계 후손들은 노예해방을 목적으로 적극 참여했지만 원주민들은 자신의 정치적 색채를 드러내지 않음으로써 지배 엘리트의 정치적 동반자로서 매력적이지 않았다.

식민의 경험은 안데스 산맥 동쪽에서 발전한 칩차 문명과 원주민 공동체 대부분을 파괴하였다. 그러나 카리브 해 지역은 다른 어떤 지역보다 다양한 원주민 공동체가 생존했다. 바랑끼아(Baranquilla)의 뚜바라(Tubará), 갈라빠(Galapa)와 말람보(Malambo) 부족, 까르따헤나의 뚜르바꼬(Turbaco)와 뚜르바나(Turbana) 부족, 몸뽁스(Mompox) 지방의 치야오(Chilloa), 멩치께호(Menchiquejo), 따라이과(Talaigua) 부족, 신세레호(Sincelejo) 지역의 똘루비에호(Toluviejo), 꼴로소(Colosó) 그리고 삼뿌에스(Sampués) 부족 공동체는 유지되었다.

1912년 3월 5일에 실시한 인구조사에 의하면 까르따헤나가 속해 있는 볼리바르 주 전체 남성의 6.5%는 원주민으로 기록되었다. 남성만을 대상으로 실시한 조사 결과이고 여성을 포함시킨다면 원주민 수는 전체 인구의 13%로 추정된다. 이러한 추정은 1778년 식민정부가 까르따헤나 지역을 대상으로 실시한 인구조사 결과를 바탕으로 한 것이다. 당시 원주민은 전체 주민의 18% 이상으로 기록되었다.

스페인 지배 3세기 동안 인종적 혼혈을 경험했고, 독립 이후 내부적 갈등을 통해 원주민 공동체는 많은 변화를 겪었다. 일부 원주민 보호지의 경우 메스티소와 백인 통제하에 있었다. 원주민은 토지문제와 인종적 정체성 갈등 상태에 놓여 있었다.

이러한 현실을 고려하여 백인 엘리트는 원주민을 계급의 정치적 목적을 실현하는 도구로 활용하였다. 1812년 까르따헤나 지방정부는 방패를 들고 있는 상반신 누드의 원주민 여성을 도시의 상징으로 지정했다. 여성의 발목에는 끊어진 쇠사슬을 조각하여 식민체제로부터 벗어난 독립된 시민을 상징했다. 또한 원주민 형상은 화폐와 방패에 널리 사용되었다. 1821년 10월 누에바 그라나다와 베네수엘라 연방은 자유의 상징으로 원주민 여성의 형상을 공식화폐에 활용하는 법령을 선포했다.

독립 이후 정치 엘리트들은 공화국의 이상이 가시적으로 표출될 수 있는 수단으로 원주민 국가보호주의를 내세웠다. 이러한 과정에

깔라마르 원주민 깔딸리나 동상(까르따헤나)

서 원주민은 불안정한 방법으로 변화를 수용했다. 그리고 자신의 이해와 대치되는 상황에 직면하면 공화국의 자유주의 사상을 활용했다. 원주민의 정치적 정체성은 자신의 권리를 수호하기 위하여 효과적으로 이용되었다.

원주민은 정치세력과 동맹을 모색하며 보호지에 대한 권리를 주장했다. 1873년 과소(Guazo) 원주민은 이사회를 조직하여 공동체 토지에 대한 권리를 요구했다. 그리고 자신의 이해로부터 멀어져 있는 연방법 폐지를 주장했다. 또한 원주민은 소규모의 의회를 구성하여 국가가 통제하고 있는 보호지에 대해 지방법원에 분리를 신청했다.

1899년 말람보 원주민 보호지는 주민의 권리가 인정되었다. 뚜바라 공동체는 보호지에 대한 권리를 지속적으로 주장하였다. 1886년 보호지가 국가에 의해 수용되었음에도 불구하고, 원주민은 지도자를 선출하여 공동체를 자체적으로 운영하였다.

19세기 말 카리브 해 연안 원주민은 보호지를 중심으로 자체 사회조직을 정비하였다. 그리고 인근도시에 노동력을 제공하며 노동자 그룹 형성에 기초가 되었다. 1893년 바랑끼아 항구에서 발생한 노동자 시위는 원주민이 중심이 되어 전개되었다.

니에또와 원주민

니에또의 지리서는 정복자 에레디아의 까르따헤나 지역 식민화과 정 그리고 다양한 원주민 공동체의 문화 및 독립 등 광범위한 내용의 지방사를 포함하고 있다. 지역사와 문화는 원주민 공동체를 중심으로 로 전개되고 있으며 정복자와 원주민의 만남이나 혼혈은 중요한 부분을 차지한다.

니에또는 다양한 원주민 사회의 공존을 언급하며 인종적 차이는 혼혈을 통해 극복할 것을 제안했다. 그리고 원주민 멸종에 대한 경고로 보호지가 시장원리에 따라 강제적인 방식으로 시장경제에 편입되고 있음을 지적했다. 또한 원주민공동체에 대한 정부의 관리 소홀도 언급했다.

니에또의 지리서에서는 아프리카에 뿌리를 둔 인종에 대한 역사와 문화는 거의 찾아볼 수 없다. 식민화 과정을 설명하는 부분에서 에레디아 정복 탐험대가 3백여 명의 군인과 일부 여성, 흑인 노예, 자유민, 수도사 그리고 소수의 주임사제로 구성되었다고 설명한다. 그리고 정복자들이 카리브 해 지역에 정착한 세누(Zenú) 원주민 무덤에서 강탈한 금은 흑인에 의해 최초로 발견된 것이라고 언급할 뿐이다.

까르따헤나는 콜롬비아 그 어떤 지역보다도 아프리카계 후손이 반(反)식민운동의 역사를 주도해온 대표적인 지역이다. 1811년 흑인은 법 앞에 시민의 평등을 내세워 신분제 폐지를 주장했다. 독립 이후 아프리카계 엘리트는 지역별로 공동체를 형성하여 집단적이고 조직적인 활동에 전념했다. 일부 흑인들은 인종적 학대와 불의를 언급하면서 인종적 편견과 노예제가 새로운 공화국 이념에 배치되는 것이라고 비난했다. 그리고 흑인에게 글 읽기를 가르치며 계몽에 앞장섰다.

19세기 말 노예제 폐지와 함께 시마론의 저항은 집중적으로 전개되었다. 1867년 태평양지역 초꼬(Chocó) 주의 수도 깁도(Guibdo)에서 탄생한 발렌시아(Manuel Saturio Valencia)는 인종주의 구도 속에 흑인의 현실을 인식하며 인종 억압적 가치와 제도에 저항하는 사회운동을 주도해나갔다.

마누엘 사뚜리오 발렌시아(아프로-콜롬비아협회)

이러한 현실에 대한 니에또의 침묵은 일부 역사가들이 니에또의 인종주의에 대해 비판하는 계기가 된다. 역사가 무네라(Alfonso Múnera)는 니에또가 까르따헤나 지역의 역사적 경험을 외면한 채 아프리카계 후손의 존재를 철저하게 부정하고 있다고 비판했다. 그는 까르따헤나 지역을 배경으로 아프리카계 후손을 보이지 않는 존재로 은폐하고 있다고 주장했다.

까르따헤나의 독립은 물라또, 원주민, 흑인 그리고 메스티소에 의해 실현되었으나 니에또의 소설과 지리서 그 어디에도 아프리카계 후손의 모습은 없다. 역사가들은 니에또가 반(反)식민운동과 아프리카 후손들의 정체성 확립의 공간인 빨렝께에 대한 공헌에 대해 침묵하고 있는 것은 특정 인종에 대한 배제라고 주장하였다.

또한 다른 학자는 니에또가 아프리카계 후손을 열등한 인종으로 분류한 식민 인종주의 전통을 재현했을 뿐이라고 주장했다. 그리고 독립 이후 사회 급진세력으로 성장한 아프리카계 후손들에 대한 백인 지배세력의 두려움을 반영하여 니에또는 철저하게 흑인에 대한 침묵을 유지했다고 평가했다.

이와 함께 문명의 공간으로서 카리브 해 지역 역사와 문화회복에 관심을 기울인 백인 엘리트에 동조하여 니에또는 비 유럽적인 아프리카계 인종에 대한 언급은 회피했다고 강조했다. 결국 니에또는 19세기 중반 인종주의 질서 아래 새로운 국가건설을 추진한 백인 엘리트의 주류사상을 그대로 수용한 것뿐이라고 비판했다.

콜롬비아 대표 역사학자 보르다는 이러한 견해에 대해 니에또의 사상과 역사적 공헌이 축소, 은폐되어 있다고 주장했다. 1980년부터 보르다는 니에또의 역사를 복원하는 데 앞장서왔다. 그는 19세기 니에또에 의해 발행된 신문 『라 데모크라시아la Democracia』의 다양한 기사를 수집, 정리하여 당시 니에또의 역사인식을 분석하였다.

보르다에 의하면 19세기 당시 콜롬비아 사회의 가장 중요한 정치적 쟁점은 토지문제였고 이러한 문제의 중심에는 원주민이 있다고 설명했다. 1859~1864년 연방주정부의 대통령으로서 등장한 니에또는 보호지에 대한 원주민의 권리 회복에 관심을 기울였다. 이것은 단지 원주민만의 문제가 아니었다.

역사학자 오르띠스(Javier Ortiz)는 19세기 시대적 상황에 주목하여 니에또의 대표적인 저술 인문지리서와 소설 『잉헤르미나』를 분석하였다. 아프리카계 후손들은 콜롬비아의 정치와 사회 변혁운동을 주도한 급진세력으로 성장하였다. 당시 까르따헤나 지역의 정치·사회적 상황을 고려하여 니에또는 자신의 정치적 기반인 흑인과 물라또의 역사나 공동체에 대한 언급은 자제할 수밖에 없었다. 당시 주어진 시대적 상황 아래 백인 지배세력이 아닌 아프리카계 엘리트 니에또가 자신의 의지를 표출할 수 있는 범위는 매우 제한적이었다.

니에또는 주류 백인사회에 접근하기 위한 전략으로 글쓰기에 몰두했고 원주민과 스페인 후손을 매개로 지역의 역사와 문화를 재구성하였다. 이러한 방법을 통해 니에또는 반(反)인종주의, 자유와 평등 그리고 시민권 회복과 같은 자신의 의지를 표출하였다.

니에또가 까르따헤나 사회 엘리트 특권계층으로부터 수용되고 인정받을 수 있는 방법 중 하나는 글쓰기였다. 당시 글을 읽고 쓸 줄 알았던 주요 독자층은 백인이었다. 니에또의 정치적 기반은 흑인과 물라또 수공업자지만 이들은 지배 엘리트의 인종주의에 저항하던 급진세력이었다. 따라서 그는 아프리카계 후손을 내세워 자신의 의지를 표출할 수 없었다.

더욱이 사회와 정치적 갈등이 내포되어 있는 글쓰기가 금지되어 있는 상황에서 니에또가 자신이 추구하는 새로운 사회질서를 주장할 수 있는 방법은 원주민이었다. 오르띠스가 지적했듯이 니에또의 저술에는 19세기 까르따헤나 흑인과 물라또의 주장이 그대로 반영되어 있다. 아프리카계 후손들이 주장하던 급진주의 사회사상은 원주민들의 입을 빌려 표출되고 있다.

새로운 국가건설 과정에서 원주민은 백인 엘리트에 의해 역사회복이라는 측면에서 활용되었다. 그리고 한편으로는 근대화 추진의 장애로 인식되어 점진적으로 제도화된 국가에 통합되어야 하는 대상으로 인식되었다.

19세기 초 건국 백인 엘리트들은 원주민을 야만의 상징으로 규정하며 새로운 공화국과 과거 원주민시대의 문화적 단절을 주도했다. 시민은 백인 중심의 인종적 정체성을 은폐하며 근대화를 수용하는 사람들로 정의되었다. 이러한 시대적 상황 아래 니에또는 원주민을 통해 공화국 엘리트의 인종주의 사상을 세밀히 해부했다.

니에또의 지리서와 소설은 정체성 탐구를 인간의 보편적인 문제로 확대시키고 있다. 인종차별 속에 절차 없이 역사 속으로 사라진 수많은 원주민의 역사와 문화를 복원시킴으로써 동시에 사회 깊숙이 뿌리내린 인종차별 속에 살고 있는 흑인의 삶도 되돌아보게 한다.

역사 속으로 사라져가는 카리브 해 다양한 원주민의 사회와 역사의 조각이 모여 니에또의 지리서와 소설이 구성되었다. 니에또는 백인에 의해 삭제되고 침몰된 원주민 역사 그리고 기록되지 않은 원주민의 전통과 문화를 재구성하였다.

원주민 역사에 대한 재정립은 원주민 자신이 뿌리를 인식하고, 자신의 정체성 말살이 언제부터 시작되었는지에 대한 역사적 의문을 제기하는 계기를 마련한다. 1492년 콜럼버스가 아메리카 대륙에 들어온 이후 유럽은 세계사의 중심부가 되었다. 그리고 백인의 '라틴'과 원주민의 '아메리카'의 만남을 통해 시작된 라틴아메리카의 새로운 역사는 유럽이 중심에 서 있는 위계화된 서열구조로부터 기록되었다. '글을 아는 백인 남성'에 의해 기록되어 경전처럼 전해진 2만여 년의 원주민 업적은 그저 '서구 근대'에 의해 통치되어야 할 미개한 과거에 불과했다. 따라서 원주민은 식민체제 속에서 자신의 전통과 의식으로부터 단절된 채 주체성을 상실했다.

니에또는 정체성 구성의 중요한 토대인 과거와 단절된 원주민을 복원하여 상실한 과거의 목소리를 되돌려주려고 노력했다. 니에또에게 과거는 지우고 삭제되어야 할 것이 아니라 오히려 기억하고 복원해야 할 대상이다. 과거의 조각들을 재구성하여 단절된 과거를 복원하려는 니에또의 노력은 뿌리 깊게 자리한 인종주의 사회에서 열등의 상징인 원주민과 혼혈이 스스로가 주체가 되는 밑거름이 되는 것이다.

이러한 과정에서 니에또는 원주민의 입을 통해 식민노예제에 기초하여 발전한 인종주의 사회를 비판하였다. 니에또가 지역에 공존하는 다양한 원주민 공동체의 역사와 문화를 재구성한 것은 인종주의 질서가 뿌리 깊게 자리하고 있던 현실을 대변한다. 다시 말해 지리서는 19세기 백인 엘리트에 의해 주입된 인종적 편견에 대한 니에또의 반(反)인종주의 사상의 반영이라고 볼 수 있다.

지리서의 중심이 되는 원주민과 공동체에 대한 재구성은 19세기 문명화된 영토에서 미개하고 야만적인 흑인과 원주민 문화가 존재했던 것이 아니라, 교육과 문화적 전승을 통해 우수성과 도덕을 겸비한 원주민이 존재했다는 사실을 강조한 것이라고도 볼 수 있다. 당시 통제 불가능한 원주민이나 흑인이 존재했던 것은 부정할 수 없다. 그러나 이들은 사회 질서를 준수하고 국가발전에 이바지하는 시민으로 성장할 수 있음을 시사한 것으로도 바라볼 수 있다.

니에또가 빨렝께 흑인 공동체 역사에 대해 침묵한 것에 대해 많은 역사가들은 비판한다. 그러나 중요한 사실은 니에또가 지역의 다양한 원주민 공동체의 특수성을 통해 같은 공간에 서로 이질적 문화가 공존하고 있음을 상기시켰다는 점이다.

다양한 원주민 공동체의 역사와 문화에 대한 재구성을 통해 니에또는 인종주의 계급사회를 부정하고 있다. 동시에 피부색이나 외형적 조건이 복종과 지배관계 형성 요인이 아님을 강조하고 있다.

한편, 니에또는 차이와 다양성의 가치를 수용하는 전략으로서 정부의 공공교육 정책을 지지했다. 식민체제에서 교육은 엘리트의 전유물이었지만, 교육은 새로운 공화국의 이상으로서 신분을 넘어 모두에게 열려 있음을 강조하였다. 니에또는 지리서 서문에서 식민체제로부터 유래된 차별과 배제의 악습은 쇠퇴해가고 있다고 언급했다. 그리고 새로운 공화국에 의해 주도되는 교육은 신분 여하를 막론하고 누구에게나 개방되어야 함을 강조했다.

산딴데르 정부의 공교육 프로젝트는 근대적이고, 자유와 평등주의에 기반한 교육을 목표로 한다. 그러나 실제로 당시 공교육은 엘리트 이해에 부합하는 질서유지 도구로 활용되었다. 제도와 질서를 존중하는 근대적 시민상을 만들어나가는 것이 교육의 목표인 것이다. 1827년 공공제도 계획을 살펴보면 이러한 목적이 그대로 반영되어 있다.

인종에 대한 언급은 없지만, 흑인과 원주민은 상대적으로 교육을 받을 수 있는 환경으로부터 멀어져 있는 경제적 빈곤층이라는 현실을 고려해 볼 때 교육 기회에 대한 공평성을 강조한 니에또의 주장은 자유와 평등사상의 실현이라고 볼 수 있다.

2부

기억으로서의 문화
: 빨렝께의 문화

1. 기억과 문화

기억의 의미

기억은 "우리의 과거가 다양한 문화형식을 통해 재현되는 사회과정 창출의 결과"이다. 넓은 의미로 역사는 무엇을 기억하는가에 해당하고 역사서술은 우리가 어떻게 역사를 기억하는가와 연관되어 있다. 그러므로 역사와 기억은 분리하여 생각할 수 없는 관계를 지닌다.

기억은 "우리의 공적이고 사적인 정체성이 만들어지는 지점"이기도 하다. 개인들이 자신의 과거를 현재화시키는 과정을 기억이라 할수 있다. 그러나 무엇이 인간을 결속시키는가에 대해 관심을 기울인 학자들은 기억이 사회적으로 구성된다는 점을 강조하며 개인의 기억에 앞서 집단적이고 사회적인 기억에 주목하였다.

집단적 기억 논의는 공식 역사에 대한 불신과 역사와 기억이 일치하지 않는다는 사실로부터 전개되었다. 프랑스 사회학자 알박스(Maurice Halbwachs)와 같은 집단기억 이론가들은, 인간이 기억을 습득하고 인식하는 것은 사회 내에서 형성된다고 언급하면서 집단기억을 강조하였다. 이들의 주요과제는 역사와 기억을 구분하는 것이었다.

여기에서 우리는 역사와 기억의 특징에 대해 살펴보지 않을 수 없다. 간략하게 정리하여 역사가 인위적, 강제적, 이론적 체계성이라는 성격을 지니고 있다고 한다면 기억은 주관적, 자발적 및 지속성의 특징을 가지고 있다. 또한 기억은 경험교환에 의해 전통전승을 지향하는 일상적 성격을 갖는다. 역사가 사료와 공공기록을 통한 특정한 권력의 속성을 지닌다면 기억은 이야기를 통해 개인과 집단의 기억 그리고 나아가 예술까지 포함한다.

집단적 기억을 강조하는 학자들은 개인의 기억이 홀로 분리되어 존재할 수 없으며 특정 개인의 기억도 사회적 산물이라고 설명한다. 집단기억은 추상적인 역사보다 더욱 구체적이고 개인의 기억을 형성하는 토대인 것이다. 또한 집단적 기억은 집단의 성격은 물론이고 정체성을 유지하는 기능을 담당한다. 집단적 기억은 지속적으로 변화하면서 사라진다. 시간과 공간적으로 제한된 집단이 갖는 특수한 기억을 집단적 기억이라고 할 수 있다.

일부학자들은 역사적 경험과 인식의 계기를 파악하기 위해 과거에 대한 기억 연구에 몰두하였다. 이들은 기억은 단지 개인의 경험을 넘어 역사적 인식을 위해 중요한 지점이하고 설명한다. 그리고 과거는 기억을 통해 깨어나야 하는 대상임을 언급한다. 역사는 과학적 인식의 대상임과 동시에 기억의 대상인 것이다.

문화적 기억이라는 개념을 도입한 아스만(Jan Assmann)은 공동체 내에서 기억 전승을 위해 구성되는 다양한 문화현상에 주목하였다. 전통사회에서 경험은 이야기를 통해 전승되었다. 이러한 전통 전승의 책임을 맡은 이야기꾼의 경험은 어떠한 형식이든 지혜를 내포하고 있다. 이야기를 통한 경험교환 과정에서 기억은 필수 요소로 작용한다. 이야기꾼과 이야기를 듣는 사람이 경험의 연쇄를 형성해나가는 데 있어서 반드시 요구되는 것은 기억이기 때문이다.

이제 역사적 사건에 대한 기억관계에 대해 살펴보자. 우선 기억이 공식 역사의 원천이 된다는 입장에서 볼 때 기억과 역사는 대립적인 관계는 아니지만 기억이 상대적으로 비판적 모습을 상실하게 된다. 그리고 역사가 기억에 비해 우위를 차지한다. 한편, 역사를 공식적으로 서술된 산물이라는 입장을 유지할 때 역사와 기억은 대립관계를 형성한다. 그리고 역사는 승리자의 몫으로 돌아간다. 동시에 특히 집단적 기억은 억압받는 사람들, 피해자, 소외된 사람들의 것이 된다. 이러한 관점에서 볼 때 은폐되고 침묵된 기억을 밝혀내는 것은 의미를 지닌다. 또한 기억은 연속적 계기를 강조하며 이에 반해 역사는 단정적 국면을 강조하거나 기억이 특수성을 지향하는 반면 역사는 보편성을 지향한다는 주장도 제기된다. 이러한 주장 모두에는 기억이 우리의 삶과 밀접하게 관련되어 있지만 역사는 우리의 생활로부터 유리되어 있다는 공통의 논리가 존재한다.

역사와 기억을 대립적 관계로 설명할 때 역사와 기억의 상호 보충적 특징은 물론이고 이 둘 사이에 작동하는 역동적 관계에 대해 간과하고 있다는 문제가 제기된다. 기억은 담론으로서 역사에 대한 원천이 될 수 있으며, 역사는 교과서와 역사담론을 통해 사람의 기억에 자리 잡게 되는 것이다. 사회적 소수자의 입장에서 자신들의 왜곡된 기억과 역사를 재정립하려는 노력은 지속적으로 전개되고, 만약 이러한 노력의 결실들이 새롭게 역사의 장 안으로 진입하게 된다면 사람들의 기억은 수정되는 과정을 밟게 될 것이다.

아프로-라틴아메리카의 역사와 문화를 상징하는 빨렝께 문화가 점차 사라져가는 요즈음, 기억에 대한 보존은 매우 중요한 의미를 지닌다. 기억을 통해 정체성은 형성될 수 있으며 이미 우리가 갖고 있는 정체성을 통해 기억의 틀이 정해지기도 한다. 특정한 역사적 사건에 대하여 확립되는 특정한 기억은 집단의 정체성을 구성하는 이데올로기를 기반으로 하고 있다. 특정한 이데올로기를 기반으로 하는 기억은 그 기조에 깔려 있는 이데올로기를 무의식적으로 수용하게 된다. 그리고 그러한 방식으로 문제를 바라보는 정체성이 형성된다. 같은 기억을 공유하고 있다는 사실을 통해 집단에 대한 소속감은 확인된다.

기억과 장소

시간이 집단적 기억에서 갖는 의미는 매우 크다. 기억이 환기되고 전승되기 위해서는 규칙적인 계기가 필요하며 공간이라는 요소도 매우 중요하게 작용한다. 특정한 장소가 특정사건을 기억하는 계기가 될 수 있다. 기억을 만드는 주체들은 시간과 공간이란 요소를 활용하여 특정한 방식으로 기억을 형성한다. 식민시기 형성된 아프로-라틴아메리카 공동체 빨렝께는 우리에게 역사적 사건을 기억하게 하는 장소가 된다. 집단적이고 문화적인 기억을 실체화하기 위해서 의미 있는 장소가 필요하다. 문화적 차원의 기억은 시간의 지평을 확대한다는 측면에서 공동체가 안정된 정체성을 유지하기 위해 필수적이다.

기억은 개인적인 경험이라기보다는 기억의 주체가 속해 있는 크고 작은 집단에 의해 영향을 받는다. 집단적 기억은 기억의 주체가 개인기억과 대비되는 개념으로 활용되기는 하지만 개인 기억도 역시 사회적으로 구성되기 때문에 집단적 기억과 상호 의존관계에 놓여 있다고 볼 수 있다.

집단적 기억은 현재의 생각이나 관심에 따라 재구성된다. 기억은 다양한 경험과 현실을 통한 과거의 재현, 재구성인 것이다. 과거에 대한 기억, 특히 역사적 사실에 대한 기억은 사실에 대한 회상이 아니라 현재적 구성물로 존재하는 것이라고 볼 수 있다. 따라서 기억이 만들어지는 상황, 과정, 내용이 중요하게 된다.

특정한 장소에서 인간이 경험을 하고 그 기억을 생성할 때 장소는 의미를 지닌다. 그리고 장소와 인간의 관계는 형성된다. 장소와 기억은 호혜적으로 작용한다. 장소는 기억을 기반으로 정체성을 형성하고 모든 기억은 장소와 연관되어 만들어진다. 장소는 기억이 쌓여 이루는 기억의 공간이다. 장소 기억은 집단적 기억의 이미지를 내포하고 있다. 기억은 장소를 통해서 사회적 의미를 갖게 된다.

알박스는 집단 기억이 응축되는 장소는 다양한 형태로 형성된다고 설명한다. 이러한 장소들은 가장 물질적이고 구체적인 것에서부터 가장 추상적이고 지적으로 구성된 것에 이르기까지 폭넓은 의미로 해석되어야 한다. 피에르 노라는 진정한 기억의 장소는 사람들의 기억이 작동하는 곳이어야 한다고 말한다. 기억은 과거 안에 고정되어 있는 것이 아니라 끊임없이 현재와 관련을 맺으며 현재의 영향을 미치는 것이다.

집단적 기억의 장소 빨렝께

라틴아메리카 사회는 식민노예제에 뿌리를 둔 인종주의 사회로 발전했다. 피부색의 농도와 사회경제적 지위를 상징하는 계층구조를 가진 형태의 인종질서가 형성되었다. 인종은 사회문화적 구성물로서 부분적으로는 그 기준이 생물학에 근거하고 있지만 인종의 차이를 규정하는 것은 사회적 인식의 문제라고 볼 수 있다.

인종은 단순히 피부색과 같은 유전자적 특성에 기초한 분류라기보다는 이러한 차원을 넘어 사회문화적 개념이 포함되어 있는 문화적 기준이다. 따라서 아프로-라틴아메리카는 사회문화적 특성을 바탕으로 이들이 공유하고 있는 정신, 심리적 공감대에 따른 분류기준인 것이다.

특정한 역사적 사건에 대하여 어떻게 기억하느냐는 대중의 정체성, 더 넓게는 그 사회의 정체성 여부와 관련을 맺는다. 그리고 기억은 정치를 수행한다. 기억을 생산해내는 주체들은 기억을 생산하는 데 그치지 않는다. 이들은 더 많은 대중이 자신이 만든 방식으로 기억하게 만들기 위해 다양한 전략을 가지고 기억의 정치를 수행한다. 이러한 기억의 투쟁에서 패권을 잡은 기억은 역사화되고 이러한 역사는 다시 기억으로 남는다.

라틴아메리카의 역사발전 과정에서 아프리카에 뿌리를 두고 있는 인종과 문화는 자연스럽고 당연한 것으로 받아들여지기보다 배제되고, 항상 다른 문화에 의해 억압되었다. 이러한 인종적 편견의 현실 속에서 아프리카계 후손들은 스스로가 자신을 부정하는 자기 소외감이 내면에 자리했다.

오랜 기간에 걸친 혼혈로 순수한 원주민 그리고 순수한 흑인문화가 존재하지 않는 라틴아메리카 사회에서 백인에 의해 아프리카계 인종의 역사와 문화는 왜곡되었다. 그리고 아프리카에 뿌리를 두고 있는 인종조차도 자신의 뿌리의식을 상실한 채 백인 주류의 가치관을 수용하여 백인화된 인종으로 자신을 인식하기도 했다. 이들은 백인의 특권으로부터 배제되어 있음에도 불구하고 백인 중심 사회에 동조하는 집단이 되기도 했다.

라틴아메리카에서 아프리카계 후손이 가장 많이 분포되어 있는 국가는 브라질과 콜롬비아이다. 브라질은 전체인구의 45% 그리고 콜롬비아에는 20~26%의 아프리카계 후손들이 분포되어 있는 것으로 추정된다. 이들은 아프리카에 뿌리를 둔 인종에 대한 차별을 바탕으로 제도화된 사회조직과 이들의 행동을 규제하는 다양한 법적 조치 및 열악한 환경 속에 지배적인 사회와 문화의 주변에 존재했다. 아프로-라틴아메리카는 사회 깊숙이 뿌리 박혀 있는 흑인에 대한 고정관념과 자신이 구별되기를 바라고 자신을 비(非)아프리카계로 인식하며 자신의 문화에 대한 폄하경향을 나타내기도 한다.

브라질과 콜롬비아의 백인 지배엘리트들은 "계급적 정치성을 인종적 정체성으로 바꿔치기 함으로써 현실에 대한 이의 제기를 봉쇄해버리는 전략"으로서 인종적 민주주의 혹은 다문화주의를 표방했다. 일부 아프로아메리카인은 뿌리의식을 상실하고 흑인문화를 여전히 미개하며 현대사회에서 사라져버려야 한다는 백인 주류사회의 가치관을 받아들여 과거와 단절된 삶을 추구해왔다.

인종적 정체성은 특정 개인으로부터 집단에 이르기까지 삶의 의미와 그 가치의 판단에 있어 대단히 중요한 문제라고 볼 수 있다. 식민노예제의 어두운 그림자가 남아 있는 라틴아메리카 사회에서 아프로-라틴아메리카의 정체성은 이들 스스로 식민노예제의 역사를 재인식하는 과정에서 시작된다. 라틴아메리카의 공식 역사에서 기록으로 남아 있는 흑인의 역사는 아마도 백인에 의한 흑인의 역사일 것이다. 백인의 언어로 쓰여진 흑인의 역사는 부정적인 관점에서 정의되고 기록되어온 것이 사실이다. 흑인들에게 노예제보다 더 치명적인 것은 백인들이 자신들의 정체성을 왜곡시켜 규정하면 그것이 그대로 수용되어야 한다는 점이다.

식민시기 브라질과 콜롬비아의 아프리카계 후손들은 저항과 기억의 집단적 공간 빨렝께를 형성하였다. 그리고 인간으로서 존엄성 회복을 위해 자신의 문화에 가치를 부여하며 반(反)식민운동을 주도했다. 빨렝께는 아프리카에 뿌리를 둔 인종을 야만시하던 지배이데올로기에 맞서 지배문화에 편입이 아닌 스스로의 차별화된 정체성 확립의 역사를 이어왔다.

아프리카계 후손들의 인종질서에 저항한 반(反)식민운동의 역사는 아프로-라틴아메리카 공동체가 자신의 문화와 역사적 전통의 수용 및 이를 통한 새로운 정체성을 확립하려는 노력에 밑거름이 되었다. 공동체 빨렝께는 혼혈의 과정 속에서 아프리카 사회와 문화적 뿌리를 바탕으로 근대화 그리고 식민주의로부터 멀어진 새로운 사회건설에 초석이 되었다.

빨렝께의 집단적 기억은 아프로-라틴아메리카인의 단절된 과거와의 연결점을 찾아 정체성을 확립하고 이를 바탕으로 집단적 연대감을 이끌어내는 중요한 요소로 작용한다. 아프로-라틴아메리카의 정체성은 빨렝께의 과거를 재구성하는 과정에서부터 시작된다. 집단적 기억의 문화공동체인 빨렝께는 아프리카계 후손들의 주체적인 인식을 통해 그들만의 역사와 문화를 찾고자 했던 노력의 결실인 것이다.

빨렝께는 식민시기부터 제도화된 인종질서로 인해 사회적 불평등의 결과로 나타난 심리적 열등감을 갖고 있는 아프리카계 후손들이 자아를 회복하고 스스로 자신을 라틴아메리카 흑인으로 규정할 수 있는 토대가 된다. 식민의 특정시대와 특정장소에 놓인 아프로-라틴아메리카의 집단적 기억은 우리가 아프로-라틴아메리카의 현재와 미래의 모습을 바라볼 수 있는 기회를 제공한다.

2. 빨렝께의 문화

기억의 재창조

빨렝께 데 산 바실리오 흑인 공동체는 산업화와 새로운 문화의 이식으로 전통적인 이념은 변화하는 상황에 따라 파기되어가고 있다. 그러나 이러한 변화에도 불구하고 공동체의 사상과 전통적인 가치관은 사회조직 문화 속에 내재되어 아직도 그 사회의 근본적 배경을 이루고 있다. 모든 전통적인 것이 완전히 바뀌어 흔적을 찾을 수 없는 것은 아니다.

변화는 지극히 피상적이고 물질적인 삶의 측면일 뿐 사유방식과 정서 혹은 신앙과 같은 보다 깊은 차원에서 전통적인 사상은 공동체 사회의 근본 배경을 이루고 있다. 교육을 별로 받지 못한 대부분의 주민들은 여전히 그들의 전통적인 관습을 고수하며 살아가고 있는 것이다.

빨렝께와 낄롬부 시마론 공동체의 형성은 아프리카 문화를 바탕으로 아메리카에서 새로운 문화를 수용하고 재창조하는 과정이었다. 지배이데올로기에 의해 순수한 아프리카적 전통은 조각나고 흩어졌으나 공동체는 식민지배자들의 문화를 그대로 수용하고 복종한 것은 아니었다. 아프리카계 후손들은 빨렝께와 낄롬부를 통해 아프리카계 문화를 재창조했다.

빨렝께와 낄롬부는 아프로-라틴아메리카의 인종적인 자부심과 공동체적인 유대감을 가질 수 있는 밑거름이 되었다. 빨렝께와 낄롬부는 구어전통, 춤 그리고 초자연적인 요소나 흑인의 경험과 관계를 맺고 있는 문화적인 것들을 재정립하여 아메리카 땅에서 아프리카를 재구성한 아프로-라틴아메리카 기억의 문화공동체로 발전했다.

빨렝께는 아프리카에서 형성된 부족국가의 형태와 유사했으며 중앙집권적인 리더십에 따른 정치체제를 유지했다. 왕을 중심으로 중앙집권적인 체제가 확립되었고 왕은 지방 지도자들의 집회에서 선출되었다. 평등사회 건설을 지향했지만 군주정치 형태 혹은 인척을 중심으로 한 사회체계를 확립하여 엘리트들의 특권과 계급이 유지되었다.

또한 연령체계를 바탕으로 한 사회조직체를 확립하여 공동체의 가치를 통합하고 소속감을 향상시켰다. 빨렝께 주민은 식민농장의 경험을 응용하여 전문적인 플랜테이션 농작물을 재배했다. 목축을 통해 조상들이 축적한 지식을 실생활에 적용하였다. 평등에 입각하여 의식주를 분배하고 사회행동 및 도덕 그리고 노동도 공동으로 분배했다. 18세기 말 낄롬부 시마론 공동체는 탈주병, 병역 기피자, 상인, 모험가 그리고 원주민 등 다인종 복합공동체로 발전했다.

공동체의 종교는 서로 다른 인종을 연결하는 매개체로 작용하였으며 이러한 과정을 통해 유대는 강화되었다. 종교의식을 통해 아프리카에 뿌리를 둔 어휘를 사용했으며 지배적인 종교에 저항했다. 전통종교가 손상 없이 원형 그대로 유지될 수는 없었지만 사라지는 것은 아니었다.

구전되는 역사와 의례 속에 저장된 전통종교는 삶 속에 깊숙이 스며 있으며, 특히 장례의식 속에는 아프리카적 전통종교가 생명력을 유지하고 있다. 주술이 종교적 배경을 형성하고 있고 주술사는 종교적 중개자로서 전통의사 혹은 연장자가 담당한다.

공동체의 종교는 서로 다른 인종을 연결하는 매개체로 작용하였으며 이러한 과정을 통해 유대는 강화되었다. 브라질의 빨마레스 공동체는 깜뜸베를 통해 아프리카의 전통음악과 춤 그리고 언어를 새롭게 재구성하였다. 초기 노예로 끌려온 아프리카 사람들은 공동의 언어로 뚜삐-과라니(tupi-guarani)어와 포르투갈어를 사용했다. 시간이 지남에 따라 포르투갈어가 공식어로 강요되었으나, 낄롬부 공동체는 깜뜸베(Cantómbe) 종교의식을 통해 아프리카에 뿌리를 둔 오릭사(orixa), 엑수(exú), 란사(lansa) 등의 어휘를 사용했다.

또한 마꿈바(Macumba)를 통해 지배적인 종교에 저항했다. 마꿈바는 반투어로부터 파생된 어휘로서 아프리카 지역에서 숭배하던 신의 명칭이다. 마꿈바는 악기로부터 주술까지 모든 종교행사의 행위를 설명하는 용어로 이용되었으며, 19세기 브라질의 일부 지역에서 아프리카 종교를 지칭하는 용어로 사용되었다. 20세기 들어 마꿈바는 움반다(Umbanda), 낌반다(Quimbanda)와 오몰로꼬(Omoloko) 등 다양한 형태로 불렸다. 현재 브라질을 포함하여 우르과이와 파라과이 일부지역에서 마꿈바는 미신 및 주술(Magia Negra)을 의미하는 용어로 변형되어 사용되고 있다.

음식에서도 바따빠(vatapá), 아까라헤(acaraje), 아바라(abará)와 같은 아프리카 어휘가 유지되었다. 그리고 일상대화에서도 삼바(samba), 몰레께(moleque), 모깜보(mocambo) 등 아프리카 전통이 이어졌다. 직접적인 기록은 찾아보기 어려우나 당시 대서양 무역로를 고려해볼 때 빨마레스는 중앙아프리카와 남아프리카에 뿌리를 둔 흑인들이 대다수였다. 낄롬부 언어는 키콩고(Kikongo), 킴분두(Kimbundu), 오빔분도(Ovimbundo) 및 콩고와 앙골라에서 사용하던 어휘에 바탕을 두고 형성되었다.

산 바실리오 빨렝께의 전통종교 역시 구전되는 역사와 의례 속에 저장된 삶 속에 깊숙이 스며 있다. 종교를 일상생활로부터 분리한다는 것은 불가능에 가깝다. 특히 장례의식은 매우 아프리카적이며 전통종교가 생명력을 유지하고 있다. 죽음을 통해 산 자와 분리되는 고인은 지속적으로 산 자와의 유대가 형성되지 않으면 안 된다. 음악은 노예로서 흑인의 삶과 고통스런 경험을 내포하고 있으며 동시에 희망과 위안이 되었다.

그리고 종교는 공동체 공통의 경험과 관심에 대해 언급하며 서로를 이어주는 힘을 지니고 있다. 주술이 종교적 배경을 형성하고 있으며 주술사는 종교적 중개자로서 전통 의사 혹은 연장자가 담당한다. 종교와 밀접한 관계를 가지고 있는 전통의학은 주술을 통해 영혼과 살아 있는 사자의 본성을 파악하여 질병 치료에 적용함으로써 전통이 존재하기를 멈추는 것이 아니고, 현재 재현에 권위를 부여하고 있다. 전통은 영속적인 저장고인 구전을 통해 격리된 과거를 연결한다.

빨렝께 데 산 바실리오 사회는 공동생산과 공동소유 방식의 경제체제를 기초로 아프로-라틴아메리카 디아스포라에서 유일하게 나타나는 사회조직체인 마-과그로(Ma-Kuagro)를 형성했다. 마-과그로는 아프리카 대륙에서 흔히 발견되는 연령체계집단이다. 마-과그로는 빨렝께 주민의 정체성과 소속감을 향상시켜왔으며 사회적 관계와 위계질서 유지에 중요한 기능을 담당해왔다.

빨렝께 데 산 바실리오는 1960년대 중반까지 외부와의 접촉 없이 문화적 변용을 거치지 않고 독자적인 문화와 사회체계를 유지해왔다. 특히 언어는 고립되어 생성된 독자적인 문화로서 아프리카 어휘를 바탕으로 '최소의 노력으로 의사전달의 극대화'라는 특징을 가지고 오늘날까지 사용되고 있다. 새로운 문법체계를 통해 포르투갈어와 스페인어 그리고 아프리카어와 앤틸리스 제도에서 사용하던 언어를 바탕으로 독창적인 빨렝께 언어가 탄생되었다.

빨렝께 데 산 바실리오 흑인 공동체의 문화는 아프리카에 대한 집단적 기억을 유지하면서 그들의 문화적 유산과 인간적 경험은 입을 통해 다음 세대에게 전해지고 있다. 상상 속에서 과거와 관계를 지니면서도 현재 지향적인 혁신의 혼합된 활력은 그들의 전통문화 속에 내재되어 있다.

이와 같이 빨렝께 데 산 바실리오 흑인 공동체는 저항의 공간으로서 그리고 집단적 기억의 공간으로서 독자적인 사회와 문화를 유지해왔다. 그리고 노예제 폐지를 위해 투쟁한 아프로아메리카 디아스포라의 역사와 삶을 이어가는 라틴아메리카 유일의 시마론 공동체로서 그 역할을 담당하고 있다.

기억의 유산 빨렝께 데 산 바실리오

빨렝께 데 산 바실리오는 콜롬비아 카리브 해 중심 도시 까르따헤나로부터 약 70킬로미터 떨어진 곳에 위치한다. 현재 거주민은 약 3천 5백 명이다. 예전에 빨렝께였던 말라가나(Malagana), 산가예따노(San Cayetano), 산빠블로(San Pablo), 그리고 빨렝끼또(Palenquito)와 경제적으로 유기적 관계를 맺고 있다. 서아프리카에 위치한 포르투갈의 식민지 기니비사우(Guinea Bissau) 공화국 비오호 지방에서 탄생한 벵코스 비오호 혹은 도밍고 비오호(Domingo Bioho)로 알려져 있는 시마론에 의해 1603년에 형성되었다. 최초의 라틴아메리카 흑인 독립지역으로 인정받고 있다.

비오호는 포르투갈 상인 뻬드로 고메스(Pedro Gomez)에게 팔려 아메리카로 들어와 알론소 델 깜뽀(Alonso del Campo)에 의해 콜롬비아로 강제 이주했다. 1599년 도주에 성공하여 1601년 까르따헤나 남동쪽 몬떼스 데 마리아(Montes de Maria) 계곡 디께(Dique) 지역에 정착했다. 군대를 조직하여 몬떼스 데 마리아 전 지역을 장악한 이후, 흑인노예들의 도주를 조직적으로 지원했다.

17세기 패트런적 권위하에 중세 봉건 영지와 유사한 하나의 폐쇄적인 단위였던 아시엔다가 발전하였다. 아시엔다 형성 이후 지주계급 기반 위에 라틴아메리카 백인 지배계급 끄리오요(criollo)가 등장했다. 이들은 식민체제 유지를 바탕으로 계급의 우월로부터 파생된 권력과 특권을 통해 경제적 부를 독점하기 위한 아시엔다를 형성했다.

끄리요오들은 무력과 상업 활동에 전념했다. 유럽의 경우 지주계급 등장 이후 이와 매우 상이한 상업 부르주아가 형성된 것에 반해 누에바 그라나다 식민 부왕령에서는 지주계급의 출현과 함께 지주

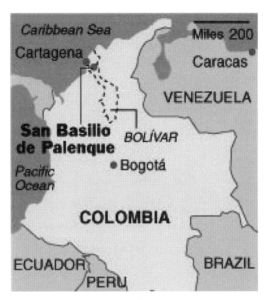

빨렝께 데 산 바실리오 위치

빨렝께 데 산 바실리오 입구

계급 내에서 상업 부르주아가 형성되었다.

라틴아메리카 대부분의 토지를 점령한 스페인은 17세기 흑인 노예 노동력을 바탕으로 토지개발에 주력하였다. 이러한 과정에서 토지 집중이 가속화됨에 따라 아시엔다가 형성되었다. 아시엔다는 식민 경제의 가장 중요한 경제적 가치였던 원주민 노동력으로 경영되었으며, 노동력의 이용형태는 거의 노예제와 유사했다.

아시엔다는 끄리오요에 의해 수출용 상품 작물을 재배하는 근대적 대규모 농업경영과 함께 대토지 소유제를 바탕으로 발전되었다. 아시엔다 경제의 모든 가치는 노예 노동력 사용의 효율성과 관련이 있었다. 그리고 아시엔다의 사회적 관계는 가혹한 형벌과 복종에 의해 지탱되었다.

1589~1631년 아시엔다가 발전함에 따라 시마론의 증가와 빨렝께 형성은 확산되었다. 당시 콜롬비아에는 35개 이상의 빨렝께가 존재했다. 시마론의 활동은 라틴아메리카 여러 지역에서 반(反)식민 독립 운동의 밑거름이 되었다. 까르따헤나 북쪽으로 시에라 데 루루아꼬(Sierra de Luruaco) 지역에, 남쪽으로 세라니아 데 산루까스(Serrania de San Lucas) 그리고 중앙지역으로 라 데 마리아(La de Maria)까지 시마론들은 빨렝께를 형성하여 조직적으로 식민체제에 대한 저항을 주도해 나갔다.

시마론에 대한 식민당국의 수색과 가혹한 형벌에도 불구하고 빨렝께 형성은 누에바 그라나다 전역으로 급속하게 확산되었다. 콜롬비아 카리브 해 연안에 형성된 라 마뚜아나, 따바깔, 산 바실리오, 산 안떼로, 산 미겔, 엘 아레날, 베땅꾸르 및 마뚜데레 빨렝께는 아프로-라틴아메리카의 저항과 기억의 역사에 중요한 역할을 담당한다.

스페인 정복자들의 추격과 공격으로 빨렝께는 파괴되어갔고, 생

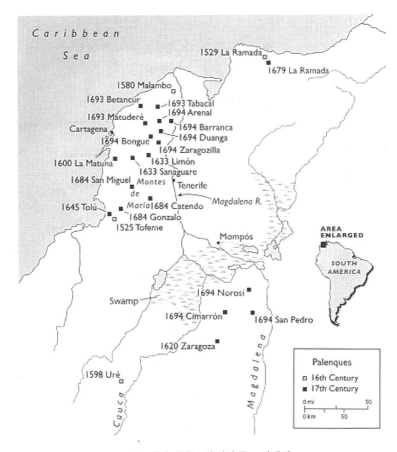

16~17세기 카리브 해 연안 주요 빨렝께

존한 시마론들은 다른 곳으로 이동하여 새로운 빨렝께를 형성하였다. 시마론들은 자체 사회조직을 구성하고 공동체 행동 강령을 만들어 공동체 일원으로서의 역할을 규정했다. 빨렝께 데 산 바실리오의 경우처럼 지도자도 선발하여 식민체제에 조직적으로 저항해나갔다.

그러나 대부분 시마론 공동체의 투쟁은 완전한 자유 획득과 독립된 영토 확보까지는 이르지 못했다. 저항의 강도가 거세질수록 식민당국의 강화된 공격은 피할 수 없었다. 1619년 까르따헤나 지역 빨렝께 시마론은 자유를 선언하고 토지 쟁취를 위해 투쟁했다. 그러나 이러한 시마론의 활동은 식민당국에 의해 빨렝께 해체가 가속화되는 계기가 되었다.

비오호 지휘 아래 전개되었던 시마론의 조직적인 저항은 1605년 7월 18일 까르따헤나 정부가 시마론과 협상을 시도하는 계기가 되었다. 1612년 페르난데스(Diego Fernandez) 지방정부는 비오호 시마론과 상호공존 평화협약을 체결하였다. 그 결과 정부는 빨렝께의 사회와 조직을 인정하게 되었다. 비오호는 빨렝께를 벗어나 식민행정의 중심지 까르따헤나 지역을 자유롭게 이동할 수 있는 권리를 부여받았다. 비오호는 흑인 노예들의 도주를 더 이상 지원하지 않을 것을 합의했다.

그러나 1619년 비무장 상태로 비오호가 까르따헤나 거리에서 식민당국에 의해 체포되자 이러한 협정은 폐기되었다. 1621년 3월 16일 비오호가 처형당하자 시마론들의 저항은 더욱 거세졌다. 17세기 말 몬떼스 데 마리아 지역에 흩어져 서로 다른 공동체를 형성했던 시마론들은 비오호가 형성한 마뚜나 빨렝께에 집결했다. 그리고 빠디야(Domingo Padilla)를 중심으로 마뚜나 빨렝께를 재정비하여 현재의 빨렝께 데 산 바실리오를 형성했다.

시마론과 지속되는 전쟁에 지친 식민지배세력은 1713년 까시아니(Maria de Casiani) 주교의 중재로 평화협정을 체결했다. 식민지배가 정점에 달한 시기 빨렝께 데 산 바실리오 시마론 공동체는 지도자를 중심으로 자체적인 정부를 조직하였다. 프랑스 식민지 아이티(Hiti)에서 흑인 노예혁명이 성공하기 이전 이미 아메리카 최초의 흑인 자유 독립 지역의 역사가 시작된 것이다.

까시아니 주교와 시마론 기념동상(까르따헤나)

시마론의 집단적 저항에 부딪힌 라틴아메리카의 식민정부는 시마론과 협상을 시도하였으나 지방정부와의 재협상 체결에도 불구하고 빨렝께의 성장과 활동은 쇠퇴하지 않았다. 17세기 말 그 수는 2배로 증가했고, 18세기 전 기간 동안 흑인 노예에 의한 폭동과 도주는 확대되었다. 시마론들의 저항이 라틴아메리카 전역으로 확산되자 쿠바, 브라질, 콜롬비아, 멕시코, 에콰도르, 자메이카와 수리남 식민정부는 시마론과의 협상을 통해 그들의 요구를 수용하는 한편 시마론 공동체 영토와 자유를 인정하기 시작했다.

17세기 초 형성되어 외부의 영향으로부터 비교적 자유로울 수 있었던 빨렝께 데 산 바실리오 흑인 공동체는 인종적 혼혈의 경험이 적었고, 사회조직과 문화 속에 아프리카의 전통이 생명을 유지하고 리듬을 가지며 발전되어왔다.

    1940년대 중반 산업화와 도시화를 계기로 시작된 빨렝께 데 산 바실리오 흑인 공동체와 외부세계의 접촉은 전통적인 공동체의 사회와 경제적 변화를 수반했다. 이러한 변화들은 공동체를 전통적인 모습에서 벗어나 새로운 모습으로 나아가도록 부추기고 있다.

    이러한 과정 속에서 전통적인 이념은 변화하는 상황에 따라 파기되고 있다. 그러나 모든 전통적인 것이 완전히 바뀌어 흔적을 찾을 수 없는 것은 아니다. 그 변화는 지극히 피상적인 것이고 물질적인 삶의 측면일 뿐이다. 사유방식과 정서 혹은 신앙과 같은 보다 깊은 차원에서 전통적인 사상은 아직도 빨렝께 데 산 바실리오 사회의 근본적인 배경을 이루고 있다. 형식적인 교육을 별로 받지 못한 거의 대부분의 주민들은 여전히 그들의 전통적인 관습을 고수하며 살아가고 있는 것이다.

빨렝께 사회조직 마-과그로

마-과그로는 빨렝께 데 산 바실리오 사회와 경제적 특징을 집약적으로 나타낸다. 마-과그로는 연령체계 사회조직체로서 일종의 사회적 교환관계이다. 아프리카 지역에서 흔히 볼 수 있는 호혜적 맥락의 제도이다.

마-과그로는 빨렝께 데 산 바실리오 사회의 부조문화를 대표하기도 한다. 부조와 관련된 제도의 의미 분석은 집단의 생활방식과 사고방식 그리고 그들의 문화를 이해하는 데 중요한 역할을 담당한다.

빨렝께 데 산 바실리오 흑인 공동체는 그들의 주요 경제활동인 농업과 목축을 중심으로 노동교환을 축으로 하는 품앗이가 존재한다. 결혼이나 출산 그리고 장례식 등 경조사에 역점을 두는 계도 있다. 공동체 문제를 집단 의견으로 결정하는 정치적 모임, 제사를 통한 조상과 자손의 관계, 초자연과 인간의 통신 관계 등등은 모두 마-과그

연령집단(빨렝께 데 산 바실리오 박물관)

로의 주요 활동이고 목적이기도 하다.

빨렝께의 주요 경제활동은 목축업과 농업이다. 아프리카 유목민인 조상들의 경험과 아시엔다에서 습득된 선조들의 축적된 지식은 구전을 통해 후손에게 전해져 실생활에 그대로 적용되었다. 지식과 경험은 다른 것과 마찬가지로 구전의 방식을 통해 전해졌다.

빨렝께 데 산 바실리오에서 지식은 추상적인 것이 아니며 삶과 유리된 것이 아니었다. 지식은 그들 선조들의 명백한 사회적 행동과 연관되어 있으며 구전을 통해 후세들은 사회의 관습과 규범, 축적된 지식 그리고 조상들의 편견을 파악할 수 있었다. 그러므로 빨렝께 데 산 바실리오에서 목축은 경제활동으로서뿐만 아니라 조상으로부터 물려받은 전통 유지의 의미를 담고 있다.

노예제 폐지와 함께 빨렝께 토지에 대한 부분적인 소유가 인정되었으나 빨렝께 데 산 바실리오 흑인 공동체에서는 여전히 토지의 사적 소유 개념은 확립되지 않았다. 토지는 집단소유 형태와 공동생산 방식을 통한 집단권리가 존재했다. 주민 모두는 토지를 사용할 권리가 있었고 생산품에 대한 소유의 권리는 일한 자만이 누릴 수 있었다. 이러한 생산방식은 아프리카 일부 종족에서 나타났던 형태로서 그 모형이 그대로 유지되고 있다.

빨렝께 사회는 생물학적인 성에 기초한 성 차별적인 역할 분담이 주어졌으며 여성에 대한 남성의 지배구조는 성 차별적인 사회화 과정을 통해 재생산되었다. 경제활동은 내부 소비를 위한 것이었다. 그리고 공동체 사회 재생산을 위한 것이었다. 공동생산과 공동소유 방식의 경제체제를 기초로 빨렝께 데 산 바실리오 사회는 마-과그로라는 연령체계를 바탕으로 한 사회조직체를 형성했다. 마-과그로의 기능을 통해 사회적 관계와 위계질서 그리고 연령에 따른 권위가 존재했다.

중앙집권 체제를 형성하지 못한 사회의 경우 대부분이 연령체계를 가지고 있다. 이러한 연령체계 속에서 연장자는 아주 중요한 역할을 담당한다. 마-과그로는 콜롬비아 아프로아메리카 디아스포라에서 유일하게 나타나는 사회조직의 분체이며 빨렝께 데 산 바실리오는 마-과그로에 기초한 독자적인 사회를 유지하고 있다.

세상에 존재하는 547개의 종족 혹은 민속 문화 중 단지 4%의 종족만이 연령에 기초한 사회조직체를 유지하고 있는 것으로 알려져 있다. 이러한 연령체계는 아프리카 대륙에서 흔히 발견되는데 아프리카의 23개 종족문화 중 16개 문화에서 연령체계가 발견된다.

반투족(Bantu)은 오늘날 우간다의 소가, 간다, 뇨로, 토로, 치가의 각 종족, 루안다의 부룬디족, 콩고의 루안다, 룬디, 바시, 훈데의 각 종족, 탄자니아의 하야, 진자, 케레웨의 각 종족을 포함한다. 반투족은 목축에서 농업에 이르기까지 각 종족에 따라 상이하지만 일반적으로 연령집단이 있어 생활을 규제하고 있다. 마-과그로의 경우도 연장자는 중요한 역할을 담당하며, 연령에 기초하여 회원 개인에게 부여된 권리와 의무를 규정하고 그들의 모든 사회 행동을 통제해왔다.

아프로-라틴아메리카 디아스포라에 관한 역사 기록에서 빨렝께 데 산 바실리오가 유일하게 연령체계를 바탕으로 한 사회조직체를 유지하고 있는 공동체로 알려져 있다. 빨렝께 데 산 바실리오의 이러한 사회조직체가 생존 가능했던 것은 단순히 아프리카적 전통을 유지하고 계승한다는 차원은 아니었다. 이것은 식민체제에 효과적으로 대처하기 위한 공동 생존전략이었다. 마-과그로는 아프리카의 연령체계 문화를 수용하여 시마론이 협동과 단결을 바탕으로 식민지배세력에 조직적으로 대응한 사회조직체였다.

　빨렝께 데 산 바실리오 주민들은 마-과그로라는 집단적 경험을 통해 정체성을 지켜나갔으며 소속감을 향상시켜왔다. 그리고 재앙이 닥쳤을 때 정체성은 그 집단의 재산이 되었다. 마-과그로는 가족과 공동체를 연결하면서 그 생명력을 유지해왔다. 빨렝께 데 산 바실리오에서 혈연관계가 하나의 조직을 이루고 기능해 나가는 데 가장 중추적인 역할을 담당한 것이 마-과그로이기도 하다.

　마-과그로를 통해 남성과 여성은 만남의 기회를 가졌고, 결혼으로 가족을 구성하는 데 매우 중요한 역할을 했다. 빨렝께 데 산 바실리오 사회에서 결혼은 사회의 구성인인 죽은 사람, 현존하는 사람, 그리고 태어날 사람 모두가 한자리에 모이는 공간이기도 했다.

　그렇기 때문에 결혼은 삶의 필수조건이며 남편과 아내는 모두 자

빨렝께 데 산 바실리오 결혼식

식을 통해 재현된다. 아이들은 그들의 부모나 선조의 흔적을 지니게 되기 때문이다. 따라서 인간의 연속은 출산을 통한 개인의 육체적 지속 속에 영구히 이어져나간다는 믿음을 지금까지도 유지하고 있다. 결혼을 하는 것은 누구에게나 종교적이고 존재론적인 의무인 것이다. 이와 같이 빨렝께 데 산 바실리오 사회는 마-과그로를 통해 연장자나 조상을 통해 물려받은 공동체의 도덕과 가치를 전승해오고 있다.

마-과그로는 시마론 후손으로서의 인격을 형성하는 데 중요한 교육적 역할을 담당해왔다. 중대한 사회적 사건 및 회원들의 경조사를 통해 공동체 가치를 통합하는 역할을 수행해오고 있다. 이와 같은 과정을 통해 집단 구성원들은 그들의 소속감을 강화하고 정체성을 형성해왔다. 현재도 마-과그로는 빨렝께 데 산 바실리오 공동체의 농번기 그리고 결혼과 장례 등 일상적인 생활에서 협동정신에 바탕을 둔 호혜제도로서 중요한 기능을 유지하고 있다.

빨렝께 언어

인간의 문화는 상징에 기초하고 있고 문화를 영속시킨 것 또한 상징의 사용이었다. 문화는 상징적 표현의 가장 중요한 형태인 언어를 통해 시작되었다. 언어 안에서 빨렝께 문화가 시작되었고 언어를 통해 그들의 문화전승은 이루어졌다. 문화는 인간만이 유일하게 보유하고 있는 상징능력에 의존하고 있다.

빨렝께 데 산 바실리오 흑인 공동체는 아프리카어의 어휘를 수용하면서 포르투갈어와 스페인어로부터 유래된 어휘들을 바탕으로 형성된 고유의 언어를 사용한다. 서로 다른 지역에서 서로 다른 언어를 사용하던 아프리카 사람들은 공동의 상징적 표현이 절실했다. 또한, 아메리카로 들어오는 긴 여정에서 포르투갈 상인들의 언어 이해는 필수적이었다.

배가 항구에 정박하자마자 도주했던 아프리카 사람들은 스페인어보다는 포르투갈어에 익숙했다. 초기 빨렝께에는 포르투갈어를 표현수단으로 사용하던 많은 시마론들이 정착하기 시작했다.

1960년대까지만 해도 까르따헤나를 포함한 인근 지역 주민들은 빨렝께 언어를 스페인어의 사투리라고 생각했다. 신세린(Sincerin) 제당공장에서 기술자로 일하거나 바랑끼야(Barranquilla)와 같은 인근 대도시에서 노동을 하며 외부와 접촉을 시도했던 일부 빨렝께 주민들도 자신의 언어가 사투리라고 여겼다. 이들은 빨렝께 언어 사용으로 인한 사회적 차별을 경험해야 했다.

1972년 '키드 빰벨레(Antonio Cervantes Kid Pambelé)'로 불리던 빨렝께 출신 권투선수가 콜롬비아 역사상 최초로 WBA 주니어웰터급 세계 챔피언으로 등극했다. 이를 계기로 콜롬비아 매스컴은 빨렝께 흑인 공동체

키드 뺌벨레 체육관(빨렝께 데 산 바실리오)

빨렝께 데 산 바실리오 아이들과 선생님

에 대한 재평가와 함께 그들의 독창적인 문화를 소개하기 시작했다.

이러한 과정에서 빨렝께 주민들은 자신들의 언어가 스페인어의 사투리가 아닌 공동체의 독자적인 언어라는 것을 알게 되었다. 그리고 그들의 언어가 어휘뿐만 아니라 문장 구성 면에서도 특징적인 문법체제를 가지고 활용되는 특수한 언어라는 사실도 깨쳤다.

빨렝께 언어는 포르투갈어와 스페인어 그리고 아프리카어와 카리브 해에서 사용되던 언어가 결합하여 새로운 문법체계를 통해 형성된 것이다. 빨렝께 언어에서 아프리카의 영향은 키콩고, 앙골라 그리고 루앙고어 어휘에서 발견된다. 이러한 언어의 영향은 기본적인 사회관계나 조직의 상징을 표현할 때 사용하는 어휘에서 두드러진다.

예를 들어보면 다음과 같다. Tata는 아버지, mae는 어머니, mona는 아들, maana는 젊은이를 의미한다. 경제활동과 관계 있는 어휘로는, ngombe는 소, nguba는 땅콩, buru는 돈이다. 그리고 사회조직과 종교에 관한 어휘로, kankamana는 지도자, 학자는 sabio, nkusi는 우상이며 kutu는 권력을 상징한다.

빨렝께 주민들은 자신의 언어를 아프리카 지역에서 파생된 반투(Bantú)라고 말한다. 반투는 아프리카 언어군을 지칭한다. 카메룬을 거쳐 중앙아프리카와 동아프리카로부터 남아프리카에 거주하는 대략 4백여 부족이 사용하는 언어다. 앙골라, 잠비아, 츠아나족, 콩고, 가봉, 남아프리카공화국 주민의 80%가 반투계 흑인이다. 반투는 서로 친연관계를 갖는 수많은 언어로 이루어져 있다.

반투어계 분류는 학자에 따라 다르다. 그러나 음운적 특징으로서 개음절(開音節)만이 있다는 것과 악센트의 위치가 뒤에서 두 번째의 음절에 있다는 주장은 공통적이다. 문법적인 특징은 접두사의 음형에 따라 분별할 수 있는 명사가 존재한다. 더욱이 명사를 수식하는 어가 선행하는 명사에 따라 다른 접두사를 취하는 데 있다.

그러나 반투어는 설명이 되지 않는 유사한 4백여 언어의 집합체이다. 빨렝께 언어는 반투계 언어가 아니다. 그 문장론의 특성은 아프리카 언어에서 흔히 나타나는 기본적인 문장과 다르기 때문이다.

새로운 문법적 체계를 갖춘 독창적인 언어가 창조된 것이다. 라틴 아메리카의 다양한 크레올어 중에서도 빨렝께 데 산 바실리오 언어는 사회 문화적으로 철저히 고립되어 생성된 독자적인 언어라고 볼수 있다. 음성, 형태소, 구문, 어휘 할 것 없이 "최소의 노력으로 의사전달의 효과를 극대화"하는 것이 특징이다.

음운론적 특징으로는 표준 스페인어의 특징과 별 차이가 없다. 물론 지방 방언의 영향을 받아 스페인어 표준 발음을 그대로 사용하지는 않는다. ndolo(dolor), ndo(dos), nda(dar)와 같이 스페인어로 부터 기원된 낱말 앞에 아프리카 언어의 특징을 반영하여 [n]이나 [m]을 약하게 붙여 발음하는 '비음첨가' 현상이 발견된다.

형태론적 특징으로는 표준 스페인어에서 보이는 어미 변화형은 거의 보이지 않는다. 명사와 형용사의 경우 남성과 여성을 하나로 통일하여 사용한다. 예를 들면 형용사는 남성형태소가 여성의 기능까지 겸하고 있다. 명사를 수식하는 관사, 지시사, 소유사와 같은 형태소는 성과 수의 변별력이 없고, 스페인어의 정관사는 생략한다.

예를 들어보면 다음과 같다. Una casa bonita는 Un kasa bonito로, Esa nata es sucio는 Ese nata es sucio로 표현된다. La gente esta durmiendo는 Jende ta ndrumi로 통용된다. El blanco esta buscando는 Blako ta buka로 사용한다.

그러나 los camiones를 ma kamion로 표현하는 것과 같이 복수형은 아프리카 반투어에서 온 형태소 ma를 사용하여 구분한다. 소유 형용사는 후치형만 통용된다. mis dos manos는 ma ndo mano mi이며 sus tierras는 matiela ane로 사용한다. las gallinas de ustedes는 ma ngania utere로 쓰인다.

동사의 경우 시제(tiempo), 태(voz), 인칭(persona)을 구별하는 기능을 하는 수많은 어미형은 거의 다 소멸되어 단순화되었다. 이것을 보완하는 기능으로서 '빠르띠꿀라(particula)'가 발달되어 새로운 언어의 형태를 갖추었다. 동사원형을 기본으로 하여 현재시제를 표현할 때는 ta를, 진행의 의미를 나타낼 때는 se를 각각 동사원형 앞에 첨가한다. Pueblo mi ta pele lengua ane(Mi pueblo esta perdiendo su lengua), i se kume(Yo como).

그리고 '현재 이전의 행위'는 haber 동사의 3인칭 변화형인 ha에서 파생된 a를 동사원형 앞에 첨가한다. 예를 들면 ia sembla(Yo sembre), suto a bae a juga(fuimos a jugar), Carlos a koje(Carlos ha tomado)로 표현한다.

또한 과거의 진행, 반복, 습관을 나타내는 표준 스페인어의 불완료 과거형 -aba, -ía는 taba(estaba), sabeba(sabia), bibíba(vivía)처럼 단지 -ba로 통일해서 활용한다. 미래형은 Carlos tan ase(Carlos hara)나 i tan abla(voy a decir)처럼 동사원형 앞에 tan을 함께 사용한다.

어순 및 구분상의 특징으로는 모든 문장의 어순이 '주어+술어+목적어+보어' 순으로 고정되어 있다는 점이다. 이것은 어미변화형이 소멸된 단순형태소만으로는 문장 내에서 어휘의 기능을 구별하기 어렵기 때문이다. 따라서 고정된 어순을 통해 변별기능을 수행하도록 했다.

스페인어의 경우 (Tu) nos enganaste와 Nos enganaste(tu)가 동일한 의미로 사용되지만, 빨렝께어에서는 Bo a engana suto가 Tu nos enganaste로 Suto a engana bo는 Nosotros te enganamos라는 의미로 구분하여 사용된다.

빨렝께 종교

빨렝께 데 산 바실리오 주민들의 사유방식 또는 생활에 가장 커다란 영향을 발휘하는 것은 종교일 것이다. 전통종교가 아무런 손상도 없이 원형 그대로 보존되고 유지될 수는 없었지만 결코 사라지는 것은 아니었다. 소를 몰고 씨를 뿌리며 수확을 거두는 장소에도 종교는 있고, 장례식이나 질병을 치료할 때도 종교는 늘 그들과 함께한다.

세상 안에서 실제적인 인간의 모든 행위는 종교적 이해와 의미를 통하여 인식되고 경험되는 것이다. 종교는 빨렝께 데 산 바실리오 주민들의 삶 속에 깊숙이 스며 있으며 종교를 다른 일상생활로부터 구별해낸다는 것은 매우 어려운 일이다.

빨렝께 데 산 바실리오의 전통종교는 공동체의 삶 속에서 서술되고 있다. 종교는 문서로 기록되어 남아 있지 않고 사람들의 마음과 심성 그리고 구전되는 역사와 의례 속에 저장되어 있다. 그러므로 종교는 전통적인 문화배경을 지닌 곳에서는 무엇보다도 가장 강력한 요소가 된다.

빨렝께 데 산 바실리오 흑인 공동체 형성과 함께 시작된 룸발루(Lumbalu) 장례음악은 시마론 후손들의 정체성을 확인시켜준다. 입으로 후손들에게 전달해주는 구전전통 방식을 통해 전통을 계승하는 독특한 문화이다. 키콩고 언어로 슬픔 또는 향수로 번역되는 룸발루는 살아 있는 전통을 유지하기 위해 기억을 재활용하고 경험의 감성적인 면을 재창조한 빨렝께 데 산 바실리오 전통음악의 대표 장르이다.

룸발루는 땀보레스(Tambores)와 바따따(Batata)와 같은 타악기로

빨렝께 데 산바실리오 장례식과 룸발루

연주되는 시적인 노래 형태의 장례음악이다. 장례음악은 전통을 미학적으로 표현하여 현재와 과거를 연결하는 의식적 행위의 한 형태로 사용된다. 빨렝께의 독특한 장례음악 룸발루는 시마론 후손들과 아프리카에 대한 먼 기억을 연결해주는 마지막 관습인 것이다.

장례식장은 고인의 좋았던 순간과 남은 사람들이 고인과 함께 나누었던 즐거움을 기억하면서 노래와 춤이 동반된다. 육체의 죽음 이후에도 개인은 계속해서 사라지는 것이 아니다. 그가 이 세상에서 살아 있는 동안 그를 알고 지낸 친구들이나 친척들 그리고 그의 유족들에 의하여 여전히 기억되고 있다. 사람들은 그의 사람됨, 성격, 언어 그리고 그가 살면서 한 일을 기억한다.

그러나 죽은 사람을 기억하는 마지막 사람이 죽으면 이미 죽은 사람도 함께 죽는다. 아프리카 종교에서 발견되는 "살아 있는 사자"는 육체적으로는 죽었지만 영의 세계 속에 살아 있듯이 빨렝께 데 산 바

빨렝께 데 산 바실리오
전통음악 인간문화재
가르시엘라 살가도

실리오 흑인 공동체에서 고인은 그를 생전에 알고 있던 사람들의 기억 속에서 살아 있는 존재로 남았다.

빨렝께 데 산 바실리오 흑인 공동체의 공식 종교는 가톨릭이지만 그 의식과 형태는 매우 아프리카적이다. 특히 죽음에 대한 의식에서는 전통종교가 끈질긴 생명력을 유지하고 있다. 전통은 사회 전반에 커다란 영향을 발휘하고 있다. 죽음을 통해 고인은 살아 있는 사람으로부터 육체적으로 단절된다. 그러나 산 자와 죽은 자 사이에 지속적 관계가 유지되어야 한다는 강한 염원은 장례음악 속에 담겨 있다.

죽음이란 모든 것이 끝나는 마지막 단계가 아니다. 새로운 삶의 영속적인 과정이다. 죽은 후에 삶이 지속된다는 빨렝께인의 의식은 또 다른 세계에서 고인의 새로운 출발을 축복하는 축제와도 같다. 죽음은 부예렝게(Bullerengue)와 마빨레(Mapalé) 같은 격렬한 리듬의

춤으로 표현된다. 죽음에 대한 절제된 고통은 룸발루로 표출되고 새로운 삶의 축복은 부예렝게와 마빨레가 대신한다. 장례식은 마치 새로운 관계와 새로운 삶을 알리는 공동의 축제가 된다.

빨렝께 전통의학

　빨렝께 데 산 바실리오의 전통의학은 종교와 관계를 유지한다. 전통의학은 아프리카와 콜롬비아 카리브 지역 원주민 세누(Zenu)의 전통이 접목되어 전문화된 지식으로, 구전으로 전승된 전통문화의 일부인 것이다.

　전통의학에서 초자연적 세계는 다른 한편으로 현실 세계와 동떨어져 있지 않으며 빨렝께에서 그것은 현재이다. 빨렝께의 이러한 우주관은 콩고의 전통과 유사하다. 장례식 때 고인은 살아 있는 자들의 슬픔과 애도를 통해 죽음과 동떨어진 또 다른 3개의 영혼을 소유하게 된다. 한 영혼은 빨렝께와 반대되는 세계를 의미하고 다른 영혼은 신의 세계인 하늘을 상징한다. 그리고 마지막 영혼은 가족을 돌보기 위해 가족 곁에 늘 머물게 되는 영혼이다.

　조상신은 항상 현실세계 주위를 돌고 있기 때문에 일반인들의 접근도 쉽게 허용된다. 조상신은 후손의 어려운 문제를 현명하게 판단할 수 있도록 도와준다. 때로는 충고도 아끼지 않는 어진 성격의 소유자다. 조상신은 빨렝께 사회의 중요한 일원이기도 하다. 재난으로부터 후손을 구해주고 질병으로부터 보호도 해준다. 비를 내려 토지를 비옥하게 하는 것도 조상신이다.

　빨렝께에서는 조상신의 뜻을 통해서만 질병이 치유될 수 있다고 믿는다. 의술이 치유과정에서 중요한 역할을 한다 하더라도 이는 신에 의해서 이루어진 것이라고 생각한다. 신은 인간의 생명과 밀접한 관련을 맺고 있다.

　빨렝께 사회는 주술이 종교적 배경의 일부를 이루고 있다. 전통의학과 주술의식은 빨렝께 데 산 바실리오 공동체가 유지하고 있

빨렝께 데 산 바실리오 전통의사

는 대표적인 아프리카적 전통이라 할 수 있다. 아프리카에서 전통의사는 상담자가 되기도 하고 의료인이자 주술과 점술을 행하는 주술사 역할을 담당한다. 그리고 공동체 내부에서 중요한 영향력도 행사한다.

점술가나 전통의사는 종교적인 중개자 및 종교 전문가로서 종교적 기능을 수행한다. 점술사는 신과 인간을 연결시켜주는 신의 대리자이다. 점술가는 의사이며, 연령집단을 정화시키는 존경의 대상이다. 그리고 적의 침입을 예고하는 지도자이다. 비가 오도록 간구하는 일을 점술가의 역할이다.

빨렝께 데 산 바실리오 사회에서 중개자는 종교생활의 중심을 차지하고 있다. 아프리카와 유사하게 빨렝께의 주술사나 전통의사 혹은 연장자들은 신과 인간의 중재자 역할을 수행한다. 연장자는 가족의 종교 제의를 수행할 뿐만 아니라, 희생제 기도를 행하는 사제들을 돕는다. 그리고 지역적 차원의 공동 제의에서도 일정한 역할을 담당한다. 연장자는 인간과 신을 연결하는 교량인 것이다.

빨렝께 데 산 바실리오 공동체에서 영혼의 세계와 현실세계의 거리는 멀지 않다. 그 경계도 모호하여 일상생활 속에 영혼의 세계가 공존한다. 육체와 영혼의 뚜렷한 경계가 없다. 질병은 육체와 영혼이

조화를 이루지 못할 때 발생하는 것이다.

전통의사는 영혼과 육체를 조화롭게 연결해주는 촉매역할을 담당한다. 의사는 목욕을 하고 누워 있는 환자의 몸에 마추까(Machuca), 바사미나(Basamina) 그리고 꼴리센시아(Colícencia)와 같은 약초를 뿌리며 영적인 차원에서 질병을 치료한다.

빨렝께 전통 약초 마추까

전통의사는 주술을 통해 영혼과 살아 있는 사자의 본성을 파악한다. 그리고 이것을 어떻게 처리할 것인지 방법을 체득하여 질병치료에 적용한다. 그는 건강에 대한 기원, 악으로부터의 보호, 부정에 대한 정화를 상징하는 존재가 된다.

전통의사는 여러 가지 약초, 나뭇잎, 뿌리, 열매, 나무껍질, 풀 등 의학적 가치와 치료효과 및 사용법에 관한 지식을 배워 활용한다. 그리고 지식을 구전으로 전승하여 전통지식을 보존 발전시키는 역할도 전통의사의 몫으로 돌아간다. 지식은 상징적인 것이 아니라 구전으로 전승해야 하는 전통인 것이다.

빨렝께 음악

노예로 아메리카에 정착한 흑인들의 삶은 희망과 꿈이 가려진 고단한 일상의 연속이었다. 포기할 수도, 그저 버려둘 수도 없었던 삶에서 노예들의 상처를 치유해주었던 것은 음악이었다. 식량을 구하기 위해 땅을 파던 소리, 밀림 사냥에서 돌을 두드리며 긴급함을 알리던 소리 그리고 풍요로운 추수에 신에게 감사드리던 휘파람과 손뼉도 새로운 악기로 탄생되었다.

노예로서의 삶은 고단했다. 사탕수수 농장에서 음악은 여흥이 아

빨렝께 전통음악 인간문화재 파나마. 태어났을 때 부모님의 친구가 파나마 사람같이 생겼다고 애칭으로 파나마라고 불렀다고 한다. 이후 아저씨는 평생 파나마라는 이름으로 살아가고 있다. 식사에 초대하자 답례로 들려주던 무반주의 룸발루는 아직도 가슴 절절한 감동으로 기억되고 있다.

니라 삶을 지탱해주는 또 다른 언어였다. 춤을 추고 노래하던 노예들은 돌과 나무를 두드리며 절망을 토해내고 희망을 기원했다. 식민시 노예들의 휴식기간은 하나의 종교의식과 같았다.

라틴아메리카 지역의 문화가 원주민과 백인 그리고 흑인의 만남을 통한 혼종성을 띠고 있듯 음악 역시 다양한 색채를 품고 있다. 그중에서도 아프리카에 뿌리를 두고 발전한 리듬은 현대 대중음악의 주류를 이룬다. 끌라베(clave), 끄리오야(criolla), 과히라(guajira), 단사(danza), 아바네라(habanera), 띰발레스(Timbales)와 구이로(Güiro)의 싱커페이션 리듬을 특징으로 하는 단손(Danzon)은 기본적으로 아프리카계 리듬을 바탕으로 발전하였다.

새로운 국가건설 과정에서 식민노예제를 바탕으로 공고화된 인종주의 질서 아래 아프리카에 뿌리를 두고 있는 인종과 문화는 문명화의 장애로 인식되었다. 반(反)인종주의에 공감하는 음악인들도 의도적으로 자신의 음악에 아프리카적 요소를 배제시켰다.

쿠바의 경우 1913년까지 흑인들의 종교적 축제는 금지되었다. 1차 세계대전 동안 재즈가 전 세계적으로 유행하자, 쿠바 음악인들은 전통적인 악기 마라까(maraca), 봉고(bongó), 끌라베스(claves)에 색소폰 및 금관악기를 접목하여 새로운 리듬 송(son)을 선보였다. 아프리카적 싱커페이션 리듬이 특징인 송은 라틴아메리카 대중음악의 토대를 형성한다.

송을 바탕으로 탄생한 룸바(rumba)는 1930년대 세계적인 대중 사교춤으로 확산되었다. 이후 룸바에 재즈가 가미되면서 맘보(mambo)가 만들어졌고, 차차차(chachachá)와 살사(salsa)도 송을 바탕으로 탄생하였다. 서로 주고받는 폴리리듬의 삼바(Samba) 그리고 역동적인 리듬을 바탕으로 다양한 타악기와 연주되는 바이아(Bahia)도 아프리카

까르따헤나 거리공연 마빨레

후손의 기억을 바탕으로 형성되었다.

빨렝께 전통음악은 기본적으로 다양한 장르와 스타일이 혼합되어 있다. 음악은 아프리카 전통을 유지하면서 끊임없이 새로운 창조의 결과물을 만들어왔다. 대표적인 빨렝께 음악 룸발루는 1920년대 인근 제당공장 지역으로 이주한 일부 빨렝께 노동자들에 의해 새로운 형태의 음악으로 탄생한다.

여가시간을 이용하여 제당공장에서 일하던 빨렝께 노동자들은 쿠바 이주 노동자들과 함께 음악을 연주했다. 이들은 각자의 경험과 기억을 조합하여 접목시킨 실험적인 음악을 선보였다. 빨렝께 출신 까시아니(Rafael Cassiani)는 그룹 따발라(Tabala)를 결성하여 빨렝께 장례음악 부예렝게와 룸발루를 쿠바의 송과 결합하여 빨렝께송(Palenque son)이라는 새로운 스타일의 음악으로 대중적 인기를 얻었다.

까르따헤나 거리공연 마빨레

　에스뜨레야스 데 까리베(Estrellas de Caribe) 보컬그룹은 자이레 (Zaire) 혹은 참뻬떼(Champete)와 같은 카리브 해 지역 현대 대중음악 을 빨렝께 전통음악과 접목시켜 오끼끼(Okiki)라는 새로운 장르의 음 악을 소개했다. 오끼끼는 타악기 땀보레스와 전자기타를 기본으로 연주한다.

　종교와 밀접한 관계를 맺고 발전한 빨렝께 전통음악은 빨렝께송 과 부예렝게 센따도(Bullerenge Sentado)와 오끼끼 같은 자기표현을 위 해 새로 만든 장르 속에 살아 있다. 이러한 장르는 공동체 의식 생존 기반에 뿌리를 두고 있다.

3. 기억의 정치

시마론주의

라틴아메리카에서 원주민과 흑인은 인종적 소수자 그룹을 대표한다. 소수자 집단은 "육체적, 문화적 특질 때문에 다른 사람들과 구별되고 불평등한 차별대우를 받아서 집단적 차별의 대상이 되는 사람들"로 규정한다. 소수자는 주류 기득권 세력에 의해 차별받는 사회적 약자를 말하며 소수자 집단은 반드시 구성원의 수가 적다는 것을 의미하지 않는다.

소수자 집단의 존재는 사회적 지위와 특권을 지닌 집단이 존재한다는 사실과 관련이 있다. 라틴아메리카의 원주민들은 일탈적 집단이나 주변집단으로 여겨졌던 예전과 달리 안데스 산맥 지역 국가에서는 이미 권력 지형도에 변화를 가져왔다.

특히 볼리비아의 경우 원주민들이 자신의 정체성과 삶의 방식을 드러내면서 지배 권력과 다수자적 사회분위기에 맞서고 있다. 볼리비아를 중심으로 안데스 산맥 지역 원주민들은 사회운동 전면에 나서서 자신들의 차이를 드러내고 시민권적 권리를 넘어서서 자신들의 생활방식을 확보하기 위한 투쟁을 전개하고 있다.

한편, 노예로서 아메리카로 강제 이주당한 아프로-라틴아메리카인은 노예제가 지니고 있던 차별주의가 사회의 다양한 형태로 유지되고 있는 현실에서 과거로부터 자유로워지려는 노력을 지속해왔다. 라틴아메리카의 흑인에 대한 인종적 편견은 사회문화적 정체성을 결정하는 시기인 19세기 백인 엘리트의 사회개혁 추진과정에서 공고화되었다.

백인 지배세력은 새로운 국가건설 과정에서 백인화 이데올로기에 뿌리를 두고 개혁을 추진했다. 흑인은 국가발전의 장애물로 취급했다. 그 결과 아프로-라틴아메리카인은 사회 최하위층으로 분류되었고 라틴아메리카 지역 국가는 피부색이 곧 계급을 상징하는 사회로 발전했다.

이와 같이 식민시대 노예제도는 아프로-라틴아메리카인에 대한 억압의 역사를 창조했고, 이러한 역사는 노예제가 폐지된 이후에도 이들의 삶에 지속적으로 영향력을 행사해왔다. 1960년대 이후 '민권운동'과 '흑인인권운동' 등의 물결을 타고 소외계층과 함께 아프로-라틴아메리카인의 목소리가 높아지기 시작했다.

흑인을 거부하고 공격하는 사회에서 아프로-라틴아메리카인은 이산적 정체성, 경제적 수탈과 정치권력의 남용 그리고 폭력적으로 이루어지는 인종차별주의의 역사와 맞서 투쟁하기 시작했다. 이러한 과정에서 1980년대 이후 콜롬비아의 아프로-라틴아메리카 소수자 운동조직은 파편화된 조직을 하나의 단일통합기구로 재구성하는 활동에 주력했다.

그 결과 2010년 8월 국내 주요 아프로-라틴아메리카 조직의 통합체인 아프로-콜롬비아연합조직 MNOA(la Mesa Nacional de

Organizaciónes Afrocolombianas)가 등장했다. MNOA는 지역의 다른 국가 아프리카계 후손 조직과는 차별적으로 '시마론주의(Cimarronismo)'를 전면에 내걸고 이를 실천적 사상의 토대로 삼고 있다.

시마론은 식민시대 도주한 흑인 노예를 말하며, 식민노예제에 대한 이들의 저항활동을 계승한 사상을 시마론주의라고 한다. 시마론주의의 이념적 토양은 노예제 폐지였으며, 시마론주의는 인종적 편견을 극복하고 평등한 사회 건설을 목표로 한다.

이와 같이 시마론주의는 라틴아메리카의 인종적 소수자운동의 실천적 사상의 토대를 제공하고 있다. 따라서 콜롬비아 시마론주의의 기원과 특징에 대한 이해는 백인의 지배 아래 주변부로 전락된 아프리카계 흑인들이 제시한 정치와 사회 급진사상에 대한 재고의 기회가 될 것이다.

시마론주의의 형성

아프로-라틴아메리카 소수자운동과 관련하여 콜롬비아 사례는 매우 특징적이라고 볼 수 있다. 지역의 다른 국가와는 달리 콜롬비아의 주요 아프리카계 후손의 소수자운동은 시마론주의를 사상적 토대로 하고 있다. 일부 역사가들은 시마론의 저항운동은 콜롬비아 독립사에서 고려되어야 한다고 주장한다.

16세기부터 확산되기 시작한 시마론의 활동은 사탕수수 재배 중심지인 대서양, 태평양 그리고 까우까 남부지역을 중심으로 전개되었다. 시마론은 공동체를 형성하여 독자적인 사회체제를 구축하였으며 이를 바탕으로 식민노예제 폐지를 위한 조직적인 투쟁을 전개했다. 이러한 식민시대 자유와 평등을 위한 시마론의 저항활동은 아프로-콜롬비아 사회운동의 역사적 뿌리가 되었다.

1543경 정복자 벨알까사르(Sebastián de Belalcázar)는 광산에 투입할 100명의 노예구입 허가서를 왕실에 제출했다. 이를 시작으로 1580년 누에바 그라나다 부왕령의 광산노동자는 흑인으로 대체되었다. 1580년 식민정부가 광산개발과 영토팽창에 주력하던 시기 흑인노동력에 대한 요구는 더욱 증가했다.

1590과 1640년 광산노동자의 75%가 흑인이었으며 원주민은 단지 25%에 불과했다. 카리브 해 연안 도시 까르따헤나에 도착한 노예들은 산따 훼, 안띠오끼아, 깔리, 뽀빠얀, 초꼬 그리고 경제 활동의 중심지인 막델레나 강과 까우까 지역으로 이동했다.

흑인노동력은 광산에 집중되었지만 농업과 어업 그리고 수공예, 미장, 목수, 석공일 등 다양한 경제활동에 활용되었다. 특히 16세기 중반 과히라 지역에서는 이전에 존재하지 않았던 목축업이 흑인에 의해 전파되었다. 똘루(Tolú)의 목축업도 1540년 알론소(Alonso Luis de Lugo)가 소유한 흑인 노예들로부터 발전했다.

식민 사업이 절정에 달한 17세기 노예들의 저항은 까우까 남부와 대서양 그리고 태평양 지역을 중심으로 전개되었다. 대서양 지역에 집중된 노예제는 이 지역을 시마론 활동의 본거지로 변모시켰다. 까우까 지역 노예들은 주인을 살해하거나 노동력을 제공하는 대신 죽음을 선택하며 저항했다. 도주한 흑인 노예들은 공동체를 형성하여 노예제 폐지를 위한 투쟁을 전개했다. 아프로-콜롬비아 공동체는 식민노예제 아래 형성되었다.

아프리카계 후손들은 빨렝께를 통해 아메리카 땅에 뿌리 내리기 위한 조건을 형성하기 시작했다. 이러한 과정에서 새로운 삶의 방식이 발전했다. 시마론은 혼혈사회로 변모하는 과정 속에 관습, 춤, 음악, 종교, 언어를 통해 아프리카 전통의 생명을 유지하며 자신의 정체성을 확립해나갔다. 그리고 노예제 폐지와 식민체제 붕괴를 위한 새로운 역사를 이어갔다. 이러한 식민시대 시마론의 활동은 공화국 건설과정에서 아프리카계 엘리트의 역할과 사회운동 조직의 근본적 사상을 구성했다.

빨렝께는 시마론의 정체성 구축 공간으로 활용되었다. 시마론의 정체성 확립은 단순히 아프리카계 후손으로서의 뿌리 찾기가 아니었다. 정체성 확립은 식민체제에 효과적으로 대응하기 위한 생존전략 방식의 일환이었다. 콜롬비아를 대표하는 역사학자 하라미요(Jaime Jaramillo)는 시마론들이 빨렝께를 통해 소통과 단결, 그리고 자유로운 삶이 실현될 수 있는 사회적 토대를 마련했다고 언급한다.

시마론의 저항활동은 독립 이후 사회 주류가치 사상과 완전히 다른 급진주의 저항정신의 전통이 되었다. 독립 당시 정치문화와 주류

콜롬비아 흑인의 날 거리행진(2014년 5월 21일)

가치 이념은 보수적 신념에 치우쳐 있었다. 그리고 보편적 자유와 평
등 더 나아가 사회적 정의에 이르는 독립의 이념으로부터 멀리 떨어
져 있었다. 흑인 엘리트들은 아프리카에 대한 그리움 그리고 이상화
를 통해 흑인혈통에 대한 자부심과 자긍심을 원천으로 흑인문화의
독자성과 고유성 그리고 자주성을 옹호했다. 이러한 주장은 시마론
의 공동체 빨렝께의 역사적 근거에 기초하고 있다. 이와 같은 방법을
통해 흑인은 식민시기 말 혁명적 언어의 토대하에 노예제의 부당함
을 지적했다.

20세기 디아스(Natanael Díaz), 올리베야(Manuel Zapata Olivella), 사빠
따(Delia Zapata), 비베레스(Mario Viveres)와 로블레(El Negro Roble) 같은
아프리카계 후손 지식인을 중심으로 흑인의 날(Día de Negro)을 선포
하여 아프리카계 후손들은 끊임없이 스스로 흑인을 만들어나갔고,
자신이 흑인임을 확인하였다.

또한 흑인 지식인들은 흑인클럽(Club Negro)과 아프로-콜롬비아 연구소를 창설하여 동화정책과 관련된 모든 것을 거부하면서 문화적으로 자유로운 활동을 구상했다. 흑인 엘리트들은 자신들의 인종적 기원을 추적하기 시작했고 자신의 뿌리와 역사를 확립함으로써 백인들의 인종적 편견과 오류를 반박했다.

독립 이후 볼리바르의 배신으로 많은 흑인 독립영웅들이 역사 속으로 사라졌다. 볼리바르는 노예해방을 조건으로 독립군을 지원한 아이티의 뻬띠옹과 관계를 단절하고 군 내부 독립전쟁에 참전하여 영웅으로 부상한 아프리카계 후손을 제거했다. 그리고 콜롬비아와 가이아나 전쟁에서 공적을 쌓은 고메스(Manuel Carlos Piar Gómez)와 뜨라빨가르(Trafalgar)를 볼리바르 암살 음모자로 지목하여 1828년 처형했다. 마라까이보(Maracaibo) 전투의 영웅 빠디야도 볼리바르에 의해 역사 속으로 사라졌다. 이러한 영웅들은 독립이 식민노예제 청산으로 이어질 것이라고 판단했다.

1780년 까르따헤나 식민 통치자 피녜레스(Gutiérrez de Piñeres)는 "비열한 흑인, 물라또, 시마론이 모든 백인과 동등하다니…"라고 한탄하며 노예제 폐지에 대한 반대 입장을 표명했다. 그리고 노예해방은 국가의 생존과 사회적 단합의 위협이 될 것이라고 주장했다. 이와 함께 흑인들의 원한은 백인의 안전을 위태롭게 할 뿐이라고 언급했다.

식민노예제의 유산인 인종적 편견은 사회 각 분야에 뿌리 깊게 자리했다. 군 내부에서는 물라또 장교가 백인장교에게 모자를 벗어 경의를 표해야만 했다. 이러한 군 내부의 질서를 통해 아프리카계 군장교의 자유와 평등에 대한 요구는 내면에 강하게 자리했다.

독립 이후 아프리카계 후손 엘리트들은 지역별로 공동체를 형성하여 집단적이고 조직적인 사회활동에 전념했다. 일부 흑인들은 인종적 학대와 불의를 언급하면서 인종적 편견과 노예제가 새로운 공화국 이념에 배치된다고 비난했다. 콜롬비아 최초이자 유일한 흑인 장관이었던 로블레스(Luis Antonio Robles)는 흑인에게 책과 신문을 통해 글을 읽고, 쓰고, 표현하는 법을 가르쳤다. 로블레스는 1849년 10월 24일 카리브 해 연안 까마로네스(Camarones) 마을에서 탄생하여 리오아

로블레스의 모습(마로네스 관공서)

차(Riohacha)에서 초등 교육을 마쳤다. 이후 까르따헤나에서 중고등 교육을 마치고 수도 보고따 로사리오 대학에서 법학을 전공하였다. 동 대학교에서 법학박사 학위를 취득한 이후 1872년 4월 막달레나(Magdalena) 주 공교육비서관으로 임명되었다. 1874년 주의원으로 선출되었으며 1876년 의회 부회장직을 역임하면서 확고한 정치적 발판을 마련했다. 이를 계기로 로블레스는 국립문화재보호 장관 그리고 1877년 막달레나 주지사로 활동하면서 아프리카계 엘리트로서의 사회적 역할에 관심을 기울였다. 그러나 엘리트로서의 노블레스의 사회적 업적은 콜롬비아 공식 역사 속에 기록으로 남겨지지 않았다. 2000년 2월 아프리카계 후손들은 정부를 대상으로 로블레스의 업적을 인정하는 법안 마련을 요구하였고, 정부는 그의 역사적 공로에 대한 재평가 사업을 추진하였다.

시마론 저항운동의 중심지 깁도(Guibdo)에서 1867년 탄생한 발렌시아는 공고화된 인종주의의 구도 속에서 인류가 제공하는 혜택으로부터 멀어져 있는 아프리카계 후손들의 열악한 삶의 조건에 의문을 제기했다. 그리고 지역의 아프로-콜롬비아 사회운동을 주도했다. 그는 자발적인 조직 및 자신들의 집단적 정체성을 공적으로 주장하고 사회의 인종 억압적 가치와 제도 등에 저항하는 흑인 저항 대중을 만들려고 노력했다.

이처럼 아프리카계 후손들은 단순히 식민권력의 이념을 채택하여 그에 동화된 것은 아니다. 시마론의 정신을 계승한 흑인 엘리트들은 노예제와 인종적 편견에 저항하며 자유 평등사상에 입각한 건국이념으로부터 멀어져 있는 현실을 비판했다. 그리고 흑인 저항 담론을 구축해나갔다.

흑인 엘리트들이 식민시기 시마론 활동 중 가장 높게 평가한 부분은 까르따헤나 지역 빨렝께 형성 이후 폭력보다 합법적인 저항 형태를 모색했다는 점이다. 시마론은 식민정부와 협상 과정에서 이동 및 신체와 거주의 자유를 주장한 탄원서를 제출했다. 그리고 노예제 폐지와 미개간 토지 일부를 자신들의 정착을 위해 지원해줄 것을 요청했다.

1692년 왕실은 이동 허가증인 '허가 증명서(cédula del perdón)'를 발급했다. 막달레나의 떼네리훼(Miguel del Toro de Tenerife) 신부는 1780년과 1788년 시마론의 저항이 확산되는 상황 아래 식민제의 부당함을 고발했다. 산따마르따의 시에나가(Ciénaga de Santa Marta)에서는 시마론이 저항을 통해 경작지를 확보할 수 있었다.

1685년 까르따헤나 실바(Felipe de Silva)의 노예 흑인 마땀바(Juan Matamba)는 도주하다 체포되어 15일간 투옥되었다. 갖은 고문에 시달렸던 그는 주인의 부당한 행위를 식민당국에 고발했다. 도주는 주인의 매질과 학대 그리고 굶주림을 피할 수 있는 유일한 수단이었음을 주장하며 노예들의 실상을 고발했다. 결국 식민정부는 마땀바를 공매했지만 그는 도주가 노예의 정당방위라는 것을 공적으로 주장한 최초의 인물이었다.

시마론주의의 의미

일반적으로 아프로-콜롬비아 사회운동 조직의 형성 시기는 콜롬비아 정치에서 흑인의 참여가 가능해진 1991년 헌법 발표 이후라고 알려져 있다. 그러나 식민 말기과 독립시기 이미 아프로-콜롬비아 조직 활동은 형성되었다. 19세기 아프로-콜롬비아인은 볼리바르가 제시한 노예해방을 조건으로 독립전쟁에 참전했다. 그러나 독립전쟁 승리 이후 볼리바르의 약속은 이행되지 않았고, 이에 대항하는 아프로-콜롬비아 공동체의 조직적인 저항운동이 등장했다. 볼리바르는 반란 진압을 목적으로 1828년 독립전쟁에 참전한 흑인 전쟁영웅들을 자신의 암살 음모자로 모함하여 처형했다.

1810년 독립과 함께 콜롬비아의 백인 엘리트는 자신의 이해에 봉사하는 독점적인 정치와 경제 제도를 형성했다. 식민체제 유지를 바탕으로 지배세력은 흑인과 원주민이 배제된 혼혈국가로서의 국가정체성을 확립하고 근대화를 추진했다. 혼혈국가로서의 정체성이란 흑인과 원주민의 존재가 철저하게 부정된 인종적 편견 위에 당시 콜롬비아를 혼혈국가로 정의한 것이다.

백인 엘리트는 열등으로 분류된 인종에 대한 근절이 필요하다고 언급하면서 인종적 동질성에 대한 정의로부터 국가정체성이 확립된다고 강조했다. 이들은 새로운 공화국 건설이념으로서 프랑스혁명의 자유와 평등사상을 내세우면서도 현실에서는 흑인과 원주민에 대한 배제가 지속되는 식민체제의 공존을 유지했다.

19세기 국가정체성 확립 과정에서 백인 엘리트의 아프로-콜롬비아 공동체에 대한 부정은 20세기 아프로-콜롬비아 소수자운동 조직 형성의 주요 동기가 되었다. 아프로-콜롬비아 공동체가 밀집되어 있

는 지역을 중심으로 사회운
동조직은 아프리카계 후손
으로서의 정체성 확립과 함
께 고유문화를 형성하고 유
지하는 노력을 지속했다. 그
러나 이러한 활동은 사회적
으로 저평가되어 과거 노예
제의 유산으로부터 자유로
워지려는 아프로-콜롬비아
공동체의 역할은 큰 성과를
거두기 어려웠다.

19세기 중반 급진자유주
의 모스께라 대통령은 역사

호세 일라리오 로페스 대통령
(콜롬비아 국립박물관)

적으로 엘리트가 유지해온 질서 속에서 가장 무관심했던 부분은 아
프로-콜롬비아 공동체에 대한 부분이라고 지적했다. 아프로-콜롬비
아 지식인의 등장은 백인 엘리트의 지원으로부터 시작되었다. 자유
주의파 로뻬스(José Hilario López) 대통령은 1851년 노예제를 폐지했
고, 이를 계기로 아프로-콜롬비아인의 상위교육 접근은 가능해졌다.
1889~1902년까지 천 일 동안 지속된 내전(La Guerra de los Mil Dias)에
서 자유주의파에 패배한 이후 아프로-콜롬비아 공동체의 관심은 문
맹 극복과 사회운동조직 형성에 집중되었다. 전쟁 이후 보수주의파
가 정권을 장악했지만 아프로-콜롬비아 공동체의 자유주의파에 대
한 지지는 유지되었다.

태평양 연안, 까우까 북쪽, 부에나벤뚜라와 뚜마꼬(Tumaco) 지역
은 1920년부터 1960년까지 다양한 흑인사회운동 조직이 형성되었

다. 그러나 식민노예제로부터 출발하여 사회에 뿌리 깊게 안착하고 있는 인종주의는 아프로-콜롬비아 공동체의 삶 속에 지속적인 영향력을 행사했다. 1970년대 중반 아프로-콜롬비아 사회운동은 파편화된 조직을 하나의 단일조직으로 재구성하여 공동 대응할 필요성이 대두되었다. 이를 계기로 아프로-콜롬비아 사회운동단체는 단일 통합조직 형성에 주력해왔다. 1975년 깔리(Cali)에서 개최된 제1회 아프로-콜롬비아 주민의 만남(el Primer Encuentro Nacional de la Población Negra Colombiana), 1991년 부에나벤뚜라(Buenaventura)와 깔리에서 개최된 흑인조정공동체(La Coordinadora de Comunidades Negras)를 거쳐 2002~2003년 보고따(Bogotá)에서 아프로-콜롬비아 국립간담회(Coferencia Nacional Afrocolombiana)를 통해 단일기구 형성이 구체화되었다. 또한 국제적으로는 1977년 깔리에서 아메리카흑인문화대회(Primer Congreso de la Cultura Negra de las Américas)를 시작으로 1982년까지 제3차에 걸쳐 각각 파나마와 브라질에서 인종차별에 대항하는 통합된 아프로-라틴아메리카 사회운동조직의 발족을 논의했다.

이러한 노력에 힘입어 2010년 8월 콜롬비아 주요 아프로-콜롬비아 소수자운동 조직의 통합기구인 MNOA(La Mesa Nacional de Organizaciones Afrocolombianas)가 등장했다. 이 기구는 빨렝께 주민을 포함한 아프리카계 후손이 공통으로 안고 있는 문제를 공동으로 해결한다는 목적으로 등장했다.

MNOA는 아프로-콜롬비아 국립실향민협회 AFRODES(la Asociacion Nacional de Afrocolombianos Desplazados), 진보흑인공동체 PCN(el Proceso de Comunidades Negras), 아프로-콜롬비아조직국립협회 CNOA(la Conferencia Nacional de Organizaciones Afrocolombianas), 그리고 시마론 국립운동 MNC(el Movimiento Nacional Cimarron) 등 국내에서

가장 대표적인 아프로-콜롬비아 소수자운동 단체의 통합으로 형성되었다.

MNOA는 아프로-콜롬비아 공동체의 소수자운동 조직을 통합하여 개별적 혹은 집단적 권리 증진을 위해 공동 전략을 수립하고 실천할 것이다. 앞으로 이 기구는 아프로-콜롬비아 공동체의 공통된 관심사가 국가정책 아젠다에 반영될 수 있는 역할을 담당하는 공간으로 활용될 것이다.

아프로-콜롬비아 통합사회운동 조직 MNOA 형성을 주도한 모스께라(Juan de Dios Mosquera Mosquera)는 시마론 운동단체 MNC를 조직하고, 20년 넘게 아프로-콜롬비아 소수자운동에 헌신한 인물이다. 그는 아프로-콜롬비아 공동체의 문화적 독자성과 자주성을 바탕으로 식민체제에 맞서 조직적으로 저항한 시마론 정신의 중요성을 역설했다.

모스께라는 리사랄다(Risaralda)에서 교수로 재직하는 동안 주요 보직에 임명된 적이 없으며, 2006년 의회진출에도 실패했다. 그는 노예제가 폐지된 이후에도 과거의 역사는 아프로-콜롬비아 공동체의 삶 속에 지속적으로 작용하고 있다고 강조했다. 그리고 한 언론과의 인터뷰를 통해 아프로-콜롬비아인으로서 현실에서 대면하고 인종적 편견에 대해 언급했다.

개인과 공기업의 중간과 상위 직급에는 흑인이 없으며, 엘리트 계보에는 아프로-콜롬비아를 상징하는 모스께라(Mosquera), 발렌시아(Valencia), 그리고 아르볼레다(Arboleda)와 같은 가족 성명(姓名)을 가진 사람은 허락되지 않는다고 말했다. 이러한 가족은 노예의 상징으로 인식된다고 설명했다. 지난 식민의 역사적 유산이 현실 속에 뿌리 깊은 인종적 편견으로 자리하고 있음을 지적한 것이다.

모스께라는 지난 34년 동안 아프로-콜롬비아 사회운동의 가장 큰 성과는 아프로-콜롬비아 사회운동조직이 시마론의 역사를 재인식하고 조직의 계보로 수용했다는 것을 강조했다. 이와 동시에 시마론의 저항정신을 하나의 사상으로 발전시킨 '시마론주의'가 아프로-콜롬비아 소수자운동의 사상적 토대가 된 것이라고 평가했다.

1980년대 아프로-콜롬비아 농민과 여성조직이 사회적 편견을 극복하기 위해 전개한 운동을 통해 등장한 시마론주의는 아프로-콜롬비아만의 독자적인 사상으로 발전했다. 시마론주의로부터 아프로-콜롬비아 공동체는 자신의 법적 권리에 대한 인식과 사회적 편견에 대한 조직적인 대응능력이 강화되었다.

15세기 중반을 시작으로 1870년대까지 콜롬비아의 까우까, 안띠오끼아, 초꼬, 볼리바르, 깔리 그리고 대서양 지역을 중심으로 확산된 아프리카 노예의 반(反)식민 저항정신은 시마론주의를 통해 현실 속에 유지되고 있다.

위에서 살펴본 바와 같이 식민노예제도로부터 시작된 흑인에 대한 억압의 역사는 노예제 폐지 이후에도 다양한 형태로 남아 아프리카에 뿌리를 두고 있는 인종의 삶에 지속적으로 영향력을 행사해왔다. 1960년대 이후 '민권운동'과 '흑인인권운동' 등의 물결을 타고 아프리카계 후손들은 인종차별주의의 역사와 맞서 투쟁하기 시작했다.

이러한 과정에서 아프리카계 후손들의 사회운동조직은 파편화된 단체들을 재구성하여 통합단일기구 아프로-콜롬비아 연합조직 MNOA가 형성되었다. MNOA는 식민시대 흑인 노예들의 저항활동을 계승한 시마론주의를 토대로 인종적 편견 극복을 통한 평등한 사회건설을 추구한다.

16세기부터 시작된 시마론의 저항은 식민체제의 동요를 야기했다. 시마론은 공동체를 형성하여 혼혈사회로 변모하는 과정 속에 이질적인 문화수용 및 동화에 저항했다. 그리고 새로운 삶의 방식이 유지되는 혼혈사회로부터 아프리카적 가치를 토대로 독자적인 체제를 구축했다. 공동체의 형성을 통한 정체성 확립은 시마론 저항의 발판이 되었다.

시마론의 저항활동은 독립 이후 사회 주류가치 사상과 완전히 다른 급진주의 저항정신의 전통이 되었다. 독립 당시 정치문화와 주류가치 이념은 보수적 신념에 치우쳐 있었다. 그리고 보편적 자유와 평등 더 나아가 사회적 정의에 이르는 독립의 이념으로부터 멀리 떨어져 있었다. 이러한 상황 아래 아프로-콜롬비아 엘리트는 흑인혈통에 대한 자부심과 자긍심을 원천으로 흑인문화의 독자성과 고유성 그리고 자주성을 옹호했다.

이러한 주장은 시마론 공동체 빨렝께의 역사적 근거에 기초하고 있다. 이들은 자신들의 인종적 기원을 추적하기 시작했고 자신의 뿌리와 역사를 확립함으로써 백인들의 인종적 편견과 오류를 반박했다. 일부에서는 미국과 브라질에서 흑인지도자들이 아프리카로 귀환의 이민을 구체화하려는 시도와 마찬가지로 자신이 반드시 콜롬비아인일 필요는 없다고 자각하면서 이주를 고민하기도 했다.

1960년대 이후 본격적인 활동을 전개한 아프로-콜롬비아 소수자 운동 조직은 시마론의 역사를 바탕으로 공동체 형성을 통해 자신들의 집단적 정체성을 공적으로 주장하고 사회의 인종 억압적 가치와 제도 등에 저항하는 흑인대중을 만들려고 노력해왔다. 식민노예제에 저항한 시마론의 정신은 아프리카계 후손들의 소수자운동을 통해 현실 속에 유지되고 있다.

3부

빨렝께의 오늘

다문화주의와 빨렝께

　브라질과 콜롬비아는 라틴아메리카에서 아프리카에 뿌리를 두고 있는 인종이 가장 많이 분포되어 있는 대표적인 아프로-라틴아메리카 국가이다. 1988년 브라질과 1991년 콜롬비아 정부는 신헌법을 통해 인종적 민주주의 그리고 다문화주의를 내세웠다. 이를 통해 인종주의에 바탕을 둔 차별을 완화하고 자국문화 속에 뿌리 내린 아프리카계 문화보전을 위한 제도를 마련했다. 양국은 아프로-라틴아메리카를 상징하는 낄롬부와 빨렝께를 국가자산으로 평가하고 문화유산으로 지정하였다. 아프리카계 후손들로부터 이어져온 역사와 문화가 사회에서 공식적으로 인정된 것이다.

　1888년 브라질은 노예제 폐지 이후에도 꼬로넬(Coronel)이라는 대토지 소유자들의 전횡적인 지배하에서 인종차별과 불평등이 지속되었다. 정부와 사회는 인종차별로 생긴 불평등이나 브라질 문화 속에 뿌리 내린 아프리카 흑인문화를 보호하려는 노력을 기울이지 않았다.

　1930년대 인류학자 질베르뚜 프레이리(Gilberto Freyre)를 중심으로 일부 학자들은 브라질의 인종적 다양성이 위대한 국가적 자산이라는 인식과 함께 아프로-브라질 공동체에 대한 관심을 기울였다. 이를 계기로 피부색에 따른 인종주의를 거부하고 인종의 문화적, 생물적 혼혈을 국가의 인종적 정체성으로 수용하는 포괄적 방식의 "백인 정체성"이 정립되었다. 간단하게 말하면 신체적으로 유럽 백인과 유사한 특징을 가진 모든 혼혈인은 백인으로 간주되었다. 따라서 브라질에서 혼혈인은 아프로아메리카인의 범주에 속하지 않는다.

그러나 브라질의 인종적 정체성에 대한 엘리트들의 이데올로기는 백인의 인종적 우월성을 인정하고 브라질 사회가 점점 백인화되어가고 있다는 엘리트들의 신념이 반영된 것이라고 볼 수 있다. 이러한 인종적 정체성은 백인화 이상의 또 다른 표현이었다. "백인 정체성"은 오히려 인종차별 정책을 뒷받침하기 위해 의도적으로 흑인들을 사회에 끌어들임으로써 흑인들에 대한 사회적 소외를 지속시키기는 도구로 활용되었다. 결국 혼혈의 백인 정체성은 식민노예제의 유산인 인종에 따른 사회의 구조적 차별을 지속화하는 데 기여했다.

라틴아메리카 사회는 인종차별로 생긴 불평등을 인정하고 자국 문화 속에 뿌리 내린 흑인문화에 대하여 그 가치를 평가함으로써 보호하려는 노력은 기울이지 않았다. 1930년대 일부 학자들은 인종적 다양성을 역사적 유산으로 주장하여 피부색에 따른 인종주의를 거부하기도 했다. 그러나 다양한 통계에서 증명되었듯이 피부색에 따른 사회적 불평등이 존재하고 있는 현실에서 이러한 학자들의 주장은 인종차별이 존재하지 않는다는 가상적 현실을 강조했을 뿐이며 오히려 사회문제를 축소시키는 데에 기여했다.

다양한 통계에서 인종에 따른 사회신분이 유지되고 있는 것이 증명되듯이 피부색에 따른 사회적 불평등이 존재하는 브라질 현실에서 인종적 민주주의는 인종차별이 존재하지 않는다는 가상적 현실을 강조했다. 그리고 이는 민중주의와 권위주의 정권에서 더욱 강화되었다. 이것은 브라질 사회문제를 축소하고 통합 정도를 높이기 위한 수단으로 이용되었다.

브라질 엘리트들의 포괄적인 백인 정체성 뒤에 숨어 있는 상상적 근대는 "계급적 정치성을 인종적 정체성으로 바꿔치기함으로써 현실에 대한 이의 제기를 봉쇄해버리는 전략"이라고 볼 수 있다. 따라서 흑인적인 것은 인종적, 종교적, 통일성 등 기독교적인 정체성이 식민 지배자들에 강력하게 요구된 강요된 정체성이었다. 흑인들에게 노예제보다 더 치명적인 것은 백인들이 자신들의 정체성을 왜곡시켜 규정하면 그것이 그대로 수용되어야 한다는 것이다. 노예제는 인간인 흑인의 정체성을 부정하기 때문에 흑인들의 자의식은 죽여야만 존재하는 것이었다.

라틴아메리카의 공식 역사에서 기록으로 남아 있는 흑인의 흔적은 아마도 백인에 의한 흑인의 역사일 것이다. 백인들의 언어에 의해서 쓰인 흑인의 역사와 정체성은 부정적인 관점에서 정의되고 기록되어온 것이 사실이다. 식민사회와 문화의 전환을 주도한 낄롬부의 경우 공동체가 형성된 곳으로부터 사창가가 있는 공공장소, 사회적으로 비난받는 행위가 이루어지는 곳, 큰 혼란이 있는 대립 등 다양한 형태로 이해되고 기록되었다.

그러나 본래 낄롬부는 아프리카계 후손들이 공통된 경험을 갖고 백인 지배계급과 대립되는 이해관계를 분명히 인식하면서 동일성을 확인한 곳이다. 그리고 집단적 정체성을 형성한 역사와 문화적 공간이다. 시간이 지남에 따라 다인종의 결합체로 발전했으며 아프리카 사회와 문화적 유산을 바탕으로 아프리카계 후손들의 공존 혹은 연대조직으로 발전했다. 다양한 인종이 한 공간에 모여 새로운 인종적 정체성을 형성하고 이를 바탕으로 사회와 문화적으로 동질성을 재창조했던 공간이 낄롬부인 것이다.

1988년 브라질 연방헌법이 다문화주의 사회구현을 국가목표로 상정하기 전까지 흑인들은 그들의 제도적 지위를 확대하려고 노력했다. 그 결과 까드로주(Fernando Enrique Cardoso) 정권은 역사상 최초로 인종적 불평등에 관한 문제를 국가현안으로 인식하며 흑인들을 사회구성원으로서 포함시키려는 다양한 법적 장치를 마련했다.

콜롬비아 역시 인종차별이 없는 문명국가로서의 콜롬비아에 대한 자부심을 심어주려 하였다. 콜롬비아의 아프리카계 후손 공동체에 대한 인식과 재평가에 대한 논의는 국내 무력분쟁의 격화와 관련을 맺고 진행되었다.

1990년대 미국의 지원으로 추진된 콜롬비아 정부의 반(反)테러마약정책은 기존의 마약과 테러조직의 거점이 태평양 지역으로 이동하는 계기가 되었다. 아프리카계 후손의 공동체가 집중적으로 위치한 태평양 지역은 무력분쟁의 중심지로 변모하였고, 생존에 위협을 느낀 지역민의 이탈이 가속화됨으로써 공동체는 붕괴되었다.

따라서 이 지역은 희생자뿐만 아니라 공동체 해체 및 지역민의 실향이 국가안보를 위협하는 심각한 문제로 부각되었다. 정부는 인류학적으로 태평양 지역의 중요성을 인식하여 국가의 인종적 정체성을 재확립하는 과정에서 아프리카계 후손들의 공동체에 대한 법적 보호장치를 마련했다.

1991년 콜롬비아 헌법은 다문화주의를 표방하는 혼혈국가로서 인종적 정체성을 재확립하고 인종적 편견과 결별을 선언했다. 헌법의 골자는 콜롬비아 사회가 100년 이상 유지해온 인종주의를 인정하고 아프리카계 후손들의 공동체와 문화를 재평가한다는 것이다. 세계적으로 다문화주의에 대한 논의가 활발하게 진행되는 동안 콜롬비아 정부는 아프로-콜롬비아 공동체 빨렝께의 문화와 역사를 국가유산의 일부로 인정한 55-AT55 법을 발표했다. 그러나 이 법은 무력분쟁의 중심지로 변모한 태평양 지역의 주민과 공동체만을 대상으로 한다는 점에서 한계를 지니고 있다.

이러한 상황 아래 아프로-라틴아메리카 공동체의 문화적 정체성은 확고하게 작용했다. 정체성 형성 과정에서 타자와의 관계는 중요하게 작용한다. 타 주체와 상호관계를 통해 공통된 경험을 갖고 아프리카계 후손이 대립되는 이해관계를 분명히 인식할 때 자신들만의 정체성이 형성된다. 문화적 정체성은 역사적으로 배제된 주민의 사회와 정치 권리의 요구, 투쟁의 논리로 개입한다.

문화적 차이는 정치적으로 인종적 공동체의 공통성을 정의하는 것이기 때문이다. 따라서 문화적 정체성을 통해 아프리카계 후손들은 특수한 권리와 정치적 참여 권리를 주장하게 된다. 55-AT55 법령은 아프리카에 뿌리를 둔 콜롬비아인의 생존권과 더불어 시민으로서 권리회복을 위한 투쟁의 근거로 활용된다. 이를 계기로 일부 아프리카계 후손들은 정치무대에 진출하여 새로운 역사를 만들기도 했다.

콜롬비아 사회가 인종적 다양성을 제도로 수용하고 다문화주의 국가를 표방하는 개혁을 추진하는 분위기 속에 1993년 아프리카계 후손들의 권리는 헌법 제70조항의 마련과 함께 구체화되었다. 55-AT55 법은 아프로-이베로-아메리카의 문화와 전통적인 생산방식의 보호를 위한 기구설립 및 공동체의 경제와 사회발전 지원 그리고 국가의 일원으로서 아프리카계 후손들의 권리 보장을 포함하고 있다.

법에서 제시한 흑인 공동체는 다른 인종과 구별되는 독자적인 전통과 관습을 유지해온 빨렝께를 지칭하고 있다. 공동체의 역사적 업적, 현실에서 유지되고 있는 일상문화 및 사냥, 농업, 광업, 어업, 자연채집, 목축업 등 전통적 생산방식은 지속가능한 발전을 위해 보전해야 할 국가적 자산으로 재평가되었다.

콜롬비아 정부가 법에서 명시한 흑인 공동체의 전통적인 생산방식은 자연자원의 운영과 관련 있는 것으로서 지속가능한 발전과 생물학적 다양성 보호라는 차원에서 유지되어야 한다고 강조했다. 그러나 콜롬비아의 빨렝께 지역 보존은 현재 불가능에 가깝다. 공동체의 전통생산 방식은 흑인 공동체를 특징짓는 주요 특징이지만 실질적으로 현실에서는 유지될 수 없는 특수한 전통인 것이다.

태평양 지역의 자연자원은 이미 목재, 광업 및 열대작물을 경작하는 다국적기업 중심의 해외 독점자본에 의해 운영되고 있다. 그 결과 이 지역은 환경오염 위기에 직면해 있다. 빨렝께의 전통적인 생산방식을 비롯한 문화 보존은 현실의 삶으로부터 멀리 떨어져 있다.

더욱이 2005년 실시된 인구 센서스에서 최초로 적용된 인종분류에 대한 설문조사 결과 콜롬비아의 아프리카계 후손 중 절반만이 자신의 인종적 정체성을 정확하게 표현했다. 그나마도 이들은 자신을 비(非)아프리카계로 분류했다. 아프리카계 후손들은 자신의 인종과 계급에 대한 의식이 뚜렷하지 않은 것으로 나타났다.

빨렝께 인구의 변화

우리가 빨렝께 데 산 바실리오 흑인 공동체 사회와 문화에 대해 관심을 집중해야 하는 이유는 소멸로 인한 보전적 가치보다는 라틴 아메리카 지역 아프리카계 후손 사회의 문화가 점점 지배적인 서구 사회를 닮아가고 있다는 데 있다. 또한 인구가 급속히 변동한다는 사실에서도 비롯된다.

1960년대 빨렝께 데 산 바실리오 인근 도시의 산업성장과 공공 사업으로 인한 도시노동력 증가는 빨렝께 주민의 이탈을 초래했다. 1980년대 이후 국내 정치, 사회적 상황으로 인해 주민의 이동은 가속화되었다. 인구의 이동은 공동체 생존의 위협으로 작용하고 있다. 내전으로 인한 강제이주, 인종차별, 정보통신의 발달 및 전통 생산양식의 쇠퇴는 빨렝께 주민의 이동을 주도하며 공동체가 전통적인 모습에서 벗어나 새로운 모습으로 나아가도록 부추기고 있다.

1990년대 말 콜롬비아 정부는 미국의 지원하에 힘에 의한 반(反)마약 게릴라 정책을 추진하였다. 정부의 이러한 정책에 힘입어 무기력한 정부군을 대체할 민병대와 우익 무장단체 AUC(콜롬비아연합자위대) 조직이 활성화되었다. 정부군과 연계하여 게릴라 소탕작전을 수행하던 AUC는 점령, 확장, 공격 과정에서 비무장 민간인에게 잔혹한 행위를 일삼았다. 그리고 게릴라 활동지역 민간인에 대해 무차별적인 공격과 약탈을 지속적으로 자행해 왔다.

콜롬비아의 주요 게릴라 FARC(콜롬비아무장혁명군)와 ELN(민족해방군)의 주요 활동 거점지에 위치한 빨렝께 데 산 바실리오는 민병대와 AUC의 주요 공격 대상이 되었다.

콜롬비아 국방부 자료에 의하면 2000년 들어 AUC 만행은 증가하여 농촌마을 해체 및 농민실향이 확산되었다. 이러한 과정에서 볼리바르 주 남쪽에 위치한 흑인 공동체 플라욘(Playon), 맘뿌한(Mampujan), 아레날(Arenal), 까띠발(Catival), 빨렝께 데 산 바실리오, 라 봉가(La Bonga) 그리고 시빠꼬아(Zipacoa) 주민의 이탈은 급격하게 증가했다.

이주한 빨렝께 주민은 볼리바르 주의 수도 까르따헤나 외곽 넬슨 만델라(Nelson Mandela)에 정착했다. 일부는 공업도시 바랑끼아(Baranquilla)로 이동하였으며 일부는 국경을 넘어 베네수엘라로 이주하였다. 빨렝께 데 산 바실리오는 유네스코 인류문화유산으로 등재된 이후 보호구역으로 지정되어 있지만 주민 이탈은 지속되고 있다.

한편, 라틴아메리카 사회에 뿌리 깊게 자리한 인종주의는 빨렝께 주민 이동의 주요 요인으로 작용한다. 수많은 아프리카 흑인들이 노

까르따헤나 거리의 아침

예로 아메리카 대륙에 유입되었으며 1886년 콜롬비아에서는 노예제
가 폐지되었음에도 불구하고 사회는 여전히 백인 중심의 인종주의
질서를 바탕으로 발전하였다.

콜롬비아 전체 인구의 25%를 차지하는 흑인들은 낮은 수준의 교
육과 그의 따른 경제적 빈곤의 악순환 속에 살아가고 있다. 상대적
으로 교육과 경제활동에 접근할 수 있는 기회가 적은 흑인들은 사회
전 분야에서 차별을 경험하고 있다. 채용에서나 주요 직책에서 흑인
을 배제시키는 인종적 차별은 사회에서 일상화되어 있다.

농촌을 떠나 보다 나은 삶을 위해 도시에 이주한 흑인들은 빈민가
에 정착하여 도시 최하층민을 형성했다. 까르따헤나에서 공공서비스
조차 제대로 제공되지 않는 넬슨 만델라 지역은 이주 흑인들의 집단
촌으로 발전하였다. 전체 흑인의 82%가 하루 3달러 미만의 극빈곤
상태에 놓여 있다.

보까 그란데 거주지역

콜롬비아 사회는 빨렝께 주민을 식민의 상징적 존재로 인식하였다. 1960년대 중반 볼리바르 주정부는 까르따헤나 흑인 거주지역을 대상으로 초대형 도시화사업을 추진하였다. 이러한 과정에서 도시 미관을 해친다는 이유로 식민시대 형성된 흑인 공동체는 파괴되었다. 현대화는 도시로부터 흑인을 분리시키는 것을 의미했다. 파괴된 흑인 공동체는 현대식 고층건물과 호화로운 백인 거주지역 보까 그란데(Boca Grande)와 라기또(Laguito)로 변화하였다.

1970년대 중반 정부는 식민시대 흑인 저항의 상징 지역이었던 참바꾸(Chambacú)에 대한 철거명령을 내렸다. 정부는 더럽고 게으르며 시민으로서의 자질이 부족한 집단은 사회로부터 격리되어야 한다는 주장과 함께 도시화 계획을 추진하였다. 현재 이 지역은 대표적인 백인 거주지역이 되었다.

빨렝께를 이탈하여 도시에 정착한 이주민들은 언어사용으로 인한 사회적 편견도 경험했다. 도시의 흑인 공동체 내에서도 빨렝께 언어는 스페인어의 사투리로 폄하되었다. 빨렝께 이주민은 자신의 언어 사용에 대한 수치심을 갖게 되었고 가족에게 빨렝께 언어 사용을 금지했다.

빨렝께 주민에게 사회는 흑인과 노예라는 이중적 차별을 가했다. 빨렝께 이주민에게는 다른 흑인과 차별적인 고용의 기회가 주어졌다. 빨렝께 남성과 여성의 신체적 특징은 성적 희롱의 대상이었다. 빨렝께 이주민에 대한 사회적 편견과 차별은 그들이 자신의 문화를 활용할 기회를 축소시켰다. 그리고 이들이 정체성을 유지하는 데 커다란 장애로 작용하였다.

1980년대 정부는 빨렝께 주민에 대한 교육프로그램을 운영하였다. 빨렝께의 특수성을 이해하지 못한 정부 파견교사들은 젊은 세대에게 공동체가 유지하고 있는 삶의 방식이 열등하다는 의식을 심어주었다.

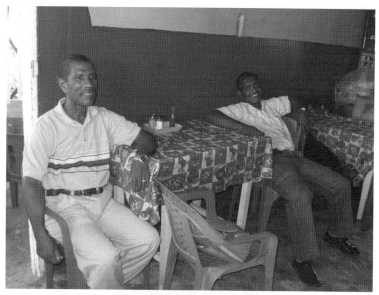

도시로 이주한 빨렝께 주민

빨렝께 데 산 바실리오 전경

빨렝께 공동체 내부에서 배출된 젊은 교사들 역시 공동체가 유지하고 있는 생활방식과 문화가 미래지향적이지 않은 미개한 문화라고 평가했다. 이러한 입장은 빨렝께 젊은이들의 이탈을 초래했다.

　또한 정보통신의 발달은 빨렝께 주민의 대도시 이주를 촉진하였다. 정보통신의 발달로 전 세계가 동일한 문화를 소비하고 있으며 그 추세는 더욱 가속화되고 있다. 세계 어느 곳이든 전화와 인터넷을 통해 실시간 정보교환이 가능해졌다. 우루과이라운드나 다자간 투자협정을 거쳐 각국의 국내시장이 개방됨에 따라 상품과 자본의 세계적인 유통이 자유로워졌다. 물자와 정보의 이러한 유통은 상이한

문화들 간의 상호이해를 증진시키고 있다.

　단기간의 대중소비를 위해 산업적으로 생산되는 문화상품은 수송과 커뮤니케이션 수단의 발달을 기반으로 시간적 공간적 거리를 뛰어넘어 전 세계인들에 의해 지구촌 곳곳에서 소비되고 있다. 문화산업은 가능한 많은 사람들에게 문화상품을 판매하여 최대의 이익을 창출하는 것은 목적으로 한다.

　1990년대 중반 이후 본격화된 세계화 진행과정을 통해 세계 각국의 문화는 항상 서로 접촉과 교환관계를 맺어왔다. 그리고 대량생산을 통해 선진국의 상품은 전 세계에서 동시에 소비되기 시작했다. 특히 문화상품의 세계적인 소비를 통해 세계인은 동일한 문화를 공유할 수 있게 되었다. 문화상품 시장의 세계화로 각 지역의 특수한 문화는 파괴되어가고 있다.

빨렝께 주민들은 대량생산된 문화상품들의 급격한 유입을 통해 외부 세계의 사람들과 동일한 문화를 소비하기 시작했다. 그리고 현대사회의 동일한 가치 체계가 빨렝께 주민들의 공동체 안으로 침투했다.

특히 TV 보급은 자기가 속한 사회와 문화를 객관적으로 볼 수 없게 만들었다. 영상매체를 통해 소개된 외부세계의 신념과 관습이 자신들의 것과 다르다는 것을 알게 되었다. 그리고 자신들의 것을 열등한 것으로 인식하며 경멸하기 시작했다. 이것은 공동체 주민들의 동일문화 소비 강화에 영향을 미쳤다.

동시에 젊은 세대들은 주로 이주한 친인척 혹은 친구들을 통해 소개된 새로운 생활방식을 동경하며 수용하고 있다. 빨렝께가 유네스코 인류문화유산으로 등재된 이후 증가한 관광객들의 소비문화는 빨렝께 주민들에게 자신의 삶이 초라하고 보잘것없는 것이라는 인식을 심어주었다.

이러한 과정에서 주민들은 오랜 기간 이어져왔던 전통문화의 특수성을 이해하지 않은 채 서구의 근대화와 산업화로 형성된 가치체계를 수용함으로써 그들의 전통적인 가치관은 붕괴되어가고 있다. 결국 빨렝께 주민들은 경제적 열등감을 갖게 되었고 더 나은 삶의 기회가 제공되는 인근 대도시 지역으로 이주를 결심하게 되었다.

전통 생산방식의 쇠퇴도 인구 이동을 수반했다. 1940년대 중반 정부가 추진한 현대화 과정 속에서 공유지와 미개간지에 대한 개인 소유는 가속화되었다. 토지개혁법을 통한 공유지의 흡수합병과 공유지 불하 정책은 빨렝께 데 산 바실리오의 토지가 지역 독점세력에게 점유당하는 결과를 초래했다. 그럼에도 불구하고 빨렝께 데 산 바실리오에서는 토지의 사적 개념이 발달하지 않았다.

토지는 집단소유 형태와 공동생산 방식을 통한 집단의 권리가 존재했다. 주민 모두에게 토지사용 권리가 있었고 생산품에 대한 권리는 일한 자만이 누릴 수 있었다. 이러한 생산방식은 아프리카 티부(Tiv)와 누에르(Nuer) 종족에서 나타났던 형태로서 빨렝께 데 산 바실리오에서는 그 모형을 유지했다.

공동체는 농업과 목축업을 중심으로 전통적인 생활방식을 통해 생물학적인 성과 연령에 기초한 역할분담이 주어졌다. 집약적인 농업사회인 빨렝께 데 산 바실리오에서 농업은 모두 남성의 의무였다. 유까, 옥수수, 땅콩 경작과 가축사육은 남성의 노동으로 생산되었고 그러한 노동은 사회생산 노동으로 간주되었다. 여성은 가사를 전담하며 추수에 농산품 추후 관리를 담당했다. 이러한 경제활동은 내부 소비를 위한 것이었고 공동체사회 재생산을 위한 것이었다.

1980년대 흑인 밀집 지역을 중심으로 진행된 정부의 개발정책은 빨렝께 데 산 바실리오 지역과 문화와는 동떨어진 것이었다. 이것은 서구식 보편 교육의 보급과 함께 자본주의적 생활양식이 빨렝께로 급격히 유입되는 결과를 초래했다. 빨렝께에 화폐경제가 도입되면서 자급자족 사회는 이윤추구 사회로 변화하기 시작했다. 빨렝께 데 산 바실리오의 경제는 자립 자조에서 시장을 중시하는 외부 의존적인 성격을 띠게 되었다. 이를 계기로 공동체적 유대는 약화되기 시작했다. 화폐경제는 공동체 주민 사이의 관계를 이해관계로 변화시키고 있다. 전통사회에서 상부상조하던 관계는 수동적 관계로 대체되어가고 있다.

도시에서 행상하는 빨렝께 여성

　또한 여성들은 공동체에서 생산된 물품을 인근 도시의 시장에서 판매하며 경제생활을 주도해나갔다. 공동체 내부 소비를 위해 전통의 방식으로 생산 소비되던 농축산물은 여성들을 통해 상품화되었다. 경제활동을 위해 여성은 빨렝께를 떠나 일정 기간 도시에 거주하였고 남성들은 가사와 육아를 전담했다. 이러한 여성의 역할은 빨렝께 데 산 바실리오의 전통적인 가치관의 변화를 초래했다. 빨렝께 데 산 바실리오의 전통적인 생산모델의 점차적인 쇠퇴와 토지생산의 감소는 여성의 도시이주를 증가시키는 원인으로 작용했다. 그리고 전통적으로 유지되던 사회적 관계와 위계질서 및 연령에 따른 권위의 변화를 수반하였다.

아프로-라틴아메리카의 정체성

최근 들어 브라질과 콜롬비아 사회에서 아프리카계 후손들 사이에 사회와 경제적 지위의 차이가 벌어지고 있다. 도시 빈민가에서 힘들게 살아가는 이들이 있는가 하면, 중산층에 속하며 교육이나 직업 그리고 삶의 객관적인 조건에서 빈곤층의 아프리카 후손보다는 중류층 백인에 근접한 이들도 있다. 그럼에도 불구하고 아프리카계 후손들의 교육수준이 낮고 가난하다는 부정적인 고정관념이 지배적이다.

자신의 인종 정체성을 부정하는 아프리카계 후손들은 객관적으로 자신이 사회 경제적 지위가 기존의 아프리카계 인종과 구분되며, 다른 삶의 양식을 가진 사람이라고 인식한다. 이러한 사람들은 객관적

빨렝께의 출신 스포츠 아나운서 '키케'(좌)와 필자

인 기준에서 자신을 비(非)아프리카계로 규정한다. 왜냐하면 인종의 정체성은 개인의 인식과 경험의 문제이지만 다른 한편, 사회구조적인 틀과 관련을 맺고 있기 때문이다. 사회경제적 지위의 차이는 인종 구분을 결정하는 가장 중요한 요인으로 작용한다. 라틴아메리카 지역 국가들의 인종적 질서를 유지하는 사회구조적 틀은 다름 아닌 계층이기 때문이다.

아프리카계 후손이라 하더라도 피부색이 밝은 사람들은 자신의 부모의 인종을 숨긴 채 백인으로 살아가기를 선택할 것이다. 브라질의 경우 한 방울의 피라도 자신을 비아프리카계 후손으로 규정하는 인종적 정체성이 유지되고 있다. 그리고 콜롬비아에서는 아프리카에 뿌리를 두고 있는 많은 사람들이 다소 밝은 피부색을 가진 그들 자녀들에게 자신이 하얗다는 것을 주입시키고 있다. 다수의 아프리카계 후손들은 자신의 인종적 정체성을 거부하며 오히려 비아프리카계로서 인정받고자 하는 욕구가 강하게 자리 잡고 있다.

한편, 피부색이 어두운 사람 중 이미 아프리카계 후손으로서의 삶에 익숙한 사람들은 자신의 정체성을 부정하지 않는다. 왜냐하면 아프리카계 후손으로 살아가는 것이 더 편리하기 때문이다. 이들에게는 적극적인 차별 철폐 조치나 인적 교류망의 혜택을 받으며 살아가는 것이 아프리카계 후손임을 거부하는 것보다 더 나은 삶일 수도 있다.

일부 아프리카계 후손들은 자신의 뿌리의식을 상실하고 백인 주류사회의 가치관을 받아들여 백인화된 민족으로 자신을 인식하기도 한다. 이것은 흑인문화를 여전히 미개하고 현대사회에서 사라져 버려야 하는 것으로 여기는 백인문화의 잘못된 재현이라고 볼 수 있다.

그러나 다른 한편으로는 노예로서의 자신의 과거를 잊고 지배적이고 우월한 백인의 문화에 편입하려는 흑인들의 의식이 강하게 자리 잡고 있음도 부인할 수 없다. 이들에게는 사회 깊숙이 뿌리 박혀 있는 전형적인 아프리카계 인종에 대한 고정관념과 구별되고 싶은 동기가 내면에 자리하고 있는 것이다.

또한 이들은 자신의 사회적 지위와 문화적 성향에서 생물학적 기준으로 분류한 아프로-라틴아메리카인과는 차이가 있다고 인식하며 거리를 유지하려고 노력한다. 따라서 주류사회에 편입하지 못한 흑인들은 자기 문화를 폄하하는 경향이 나타난다. 이와 같이 아프리카에 뿌리를 두고 있음에도 불구하고 자신을 비아프리카계 인종으로 분류하는 아프로-라틴아메리카인은 집단 공유를 중시하는 아프리카계 후손의 전통으로부터 멀리 떨어져 과거와 단절된 삶을 추구한다.

그러나 인종이란 유전자적인 차이에 더하여 역사적 경험에 사회적 지위와 문화적 차이가 중첩하여 만들어진 중층적인 질서이기 때문에 백인의 사회적 지위가 감소한다 하더라도 백인과 유색인 간에 인종 구분은 완전히 소멸되지는 않는다. 이들은 오히려 아프리카계 후손들의 집단적 노력의 산물인 인종차별 철폐 조치의 사회적 타당성을 약화시키고 백인에게 유리한 결과를 초래한다. 또한 자신의 흑인성을 망각하고 백인 주류사회에 대항하는 응집된 힘을 분열시킨다. 그리고 백인의 특권으로부터 배제되어 있음에도 불구하고 백인 중심 사회에 동조하는 집단으로 전락한다.

이와 같이 인종적 정체성은 특정 개인으로부터 집단에 이르기까지 삶의 의미와 그 가치의 판단에 있어 대단히 중요한 문제라고 볼 수 있다. 개인의 정체성은 다양한 문화적 동인과 지리적 여건 및 경

빨렝께 데 산 바실리오 전문가 집단.
왼쪽부터 도서관 사서, 경비담당관, 범죄담당관, 필자, 행정담당관, 전통의사

제적 위치 등에 의해 형성된다.

특정한 공통분모를 통해 만들어지는 집단의 정체성 역시 마찬가지이다. 집단의 성격에 따라 정체성 형성의 동기와 내용도 각기 다를 수 있지만 집단은 그러한 정체성을 확인하고 만들어가야 하는 필요성에 대해서는 모두 인정한다.

정체성 담론의 많은 부분은 문화정체성과 연관되어 이루어진다. 개인의 정체성으로부터 집단의 정체성에 이르기까지 대부분의 정체성은 개인이나 집단이 경험한 공간 속에서 오랫동안 이루어진 문화적 양상에 의해 결정되는 경우가 많기 때문이다.

특히 라틴아메리카에서 반(反)식민운동을 전개했던 아프로-라틴아메리카의 집단적 정체성은 낄롬부 혹은 빨렝께라는 공간에서 오랫

동안 이루어진 아프리카계 후손들의 독특한 문화적 양상과 그에 따른 삶의 공통성에 의해 형성되는 것이 일반적이다.

그러므로 아프로-라틴아메리카 공동체의 정체성은 문화정체성으로 논의되곤 한다. 타자와의 관계 속에서 주체의 차별성과 특수성을 획득할 수 있기 때문이다. 아프로-라틴아메리카의 정체성은 주류 백인과의 끊임없는 상호작용을 통해 개인의 동일성을 확인하고 나아가 집단의 이해관계의 동일성도 확인하는 과정에서 확립되었다.

브라질과 콜롬비아의 아프로-라틴아메리카인의 정체성은 낄롬부 그리고 빨렝께라는 공동의 공간을 공유하면서 살았던 사람들이 오랜 역사적 시간을 통해 만들어온 문화와 지적인 동인에 의해 시작되었다. 백인들의 억압으로 고통받던 아프로-라틴아메리카는 낄롬부와 빨렝께라는 공동체에 한정된 공간이지만 자신의 역사를 기억하려고 노력하였고 후손들에게 구전으로 과거를 이어주었다. 문화적 단절 속에서 아프로-라틴아메리카 공동체가 의지할 수 있었던 것은 구전을 통한 재기억이었다.

과거의 경험, 기억, 신화 등을 후손에게 전해주는 이러한 구전의 문화적 요소는 아프리카계 후손들이 새로운 역사를 발견하여 과거와 현재 사이의 연관성을 찾도록 가교 역할을 담당했다. 그리고 백인의 문화에만 존재하는 것으로 간주되었던 가치와 사상이 아프리카계 후손의 문화에도 존재함을 보여준다.

문화정체성은 시대를 결정했던 여러 보편적 가치들이 지역 혹은 공동체의 고유의 문화와 만나 독특한 문화를 형성하고, 이것이 역사라는 이름 위에서 오랜 시간 지속되면서 형성된다. 그 공동체만의 가치관이나 생활풍습 그리고 독특한 의식주의 형태, 신앙 등이 역사성을 전승하면서 공동체의 문화정체성이 확립되는 것이다.

아프로-라틴아메리카 반식민공동체의 정체성은 낄롬부 그리고 빨렝께라는 공간을 중심으로 오랫동안 형성되어온 삶의 가치관과 생활 풍습 그리고 독특한 의식주 등을 의미한다고 말할 수 있다. 이것은 다른 공동체의 정체성과 구별되는 아프로-라틴아메리카 공동체만의 특유의 것이다.

식민시기 낄롬부와 빨렝께를 형성한 아프리카계 후손들은 정확한 자기 인식을 통해 정체성을 찾고, 현실의 부정적인 면과 대면하여 극복해왔다. 그리고 노예로 고통받았던 조상의 혼과 그들의 정신을 민족 문화유산의 계승이라는 긍지로 소중히 이어왔다.

음악과 종교 및 일상문화를 통해 아프리카와 연결시키는 것은 식

빨렝께 데 산
바실리오 아이들

민지배의 억압에서 진정한 자유를 찾는 중요한 역할을 담당했다. 이러한 과정을 통해 아프로-라틴아메리카는 자신의 역사를 재인식할 수 있었고 개인이 비로소 진정한 주체가 될 수 있었다. 또한 자신이 속한 사회와의 연대를 통해 고립되어 있던 과거에서 벗어나 공동체의 유대와 결속은 강화되었다.

아프로-라틴아메리카의 정체성은 아프리카에 뿌리를 두고 있는 아프리카계 후손이 식민노예제의 역사를 스스로 재구성하는 과정에서 형성되었다. 이들의 자아 회복은 개개인의 기억과 공동체의 기억이 결합되었을 때 가능했고 자신의 기억을 주변의 다른 사람들과 공유했을 때 자신의 역사가 되었다.

식민시기 인종적 질서 아래 아프리카에 뿌리를 둔 후손들은 저항과 기억의 공간 빨렝께와 낄롬부를 형성하여 위기를 극복하려고 노력했다. 빨렝께와 낄롬부는 과거의 회상과 재기억을 바탕으로 아프리카계 후손들이 자아를 찾고 유대를 회복하여 자신의 정체성을 확립하는 데 토대가 되었다. 낄롬부와 빨렝께는 아프리카계 후손들의 단절된 관계를 이어주는 힘의 기반이다.

참고문헌

김광수(2003), 「아프리카역사학과 구전전통의 중요성」, 『아프리카연구』 16호.

김우중(2001), 「남미콜롬비아의 San Andrés와 Palenque de San Basilio 지역의 사회 및 언어학적 혼성 현상에 관한 연구」, 『언어과학연구』 20호.

김인중(2005), 「기억과 역사 사이에서」, 『서양사론』 제87호, 한국서양사학회.

김진성(2005), 『역사가 기억을 말하다』, 휴머니스트.

변학수 외(2003), 『기억의 공간』, 경북대학교출판부.

서영건(2009), 「중세 스페인의 기독교문화에 나타난 흑인: 성모마리아 찬가를 중심으로」, 『역사와 경계』 No.76, 부산대학교.

심재중(2003), 「정체성 담론과 이데올로기-아이티와 마르티니크의 흑인 정체성담론을 중심으로」, 『라틴아메리카연구』 17권 2호, 한국라틴아메리카학회.

시드니 민츠, 김문호 역(1998), 『설탕과 권력』, 지호.

이광윤(2016), 『브라질 흑인의 역사와 문화』, 산지니.

에두아르도 갈레아노, 박병규 역(2005), 『불의기억 2』, 따님.

존 S. 음비티, 정진홍 역(2007), 『아프리카의 종교와 철학』, 한국학술정보.

전경수(1999), 『인류학과의 만남』, 서울대학교출판부.

차경미(2008), 「카리브 해 빨렝께데 산 바실리오(Plaenque de San Basilio)

흑인공동체의 저항으로서의 역사, 기억으로서의 문화」, 『라틴아메리
카연구』, 한국라틴아메리카학회.

_____(2013), 「라틴아메리카의 인종적 소수자운동: 콜롬비아 시마론주
의(Cimarronismo)의 기원과 특징을 중심으로」, 『중남미연구』제32권
2호, 한국외국어대학교 중남미연구소.

_____(2013), 「라틴아메리카의 독립과 아프로-이베로-아메리카 공동체
의 역할」, 『비교문화연구』제31집, 경희대학교 비교문화연구소.

_____(2014), 「라틴아메리카의 지배와 복종의 동학: 콜롬비아 유일의 아
프리카계 대통령 환 호세 니에또(Juan José Nieto)의 지워진 리더십의
역사」, 『스페인라틴아메리카 연구』제7권 1호, 고려대학교 스페인·
라틴아메리카 연구소.

Agudelo Carlos(2007), "De la Democracioa Racia Brasilera al Multicultrliamo
Colombiano, Inclusión y Exclusión de la Poblaciones Negras en
Colombia". *V Congreso Europeo CEISAL de la latiamericanistas*, Bruselas.

Antonio Parada Fortul(2001), *Benkos: Las Alas de un Cimarrón*. Editorial
Antillas, Colombia.

Arrázola, Roberto(1970), *Palenque: Primer Pueblo Libre de América*. Cartagena
de Indias Colombia: Ediciones Hernández.

Borrero, Plá María del Carmen(1983), *Palenque de Negros en Cartagena de
Indias a Fines del Siglo XVII*. Escuede Estudios Hiapanoamericanos,
Sevilla.

Castillo Luis(2007), *Etnicidad y Nación: el Desafío de la Diversidad en Colombia*.
Universidad de Valle, Cali, Colombia.

Carrión Patricio Lepe(2010), "No Somos Negros". *Revista Critica de Ciencia
Social y Juridicas. 4. No 28*. Pontifica Universidad Javeriana de Colombia.

Dieck Marianne(2000), "A Negación en Palenquero". *Análisis Sincrónico*,

Estudio Comparativo y Consecuencias Teóricas, Madrid: Iberoamerica-Vervuert, Escalante.

Efrén Carlos(2002), "Multiculturalismo en Colombia: Política, Inclusión y Exclusión de Poblaciones Negras". Universidad Nacional de Colombia.

Friedemann, Nina/Richard Cross(1977), *Na Gombe: Guerreros y Ganaderos en el Palenque de San Basilio*, Colombia: Carlos Valencia editorial.

Friedemann, Nina y Arocha, Jaime(1986), *De Sol a Sol. Génesis, Transformación y Presencia de los Negros en Colombia*, Planeta, Bogotá.

Germán Colmenares(1973), *Historia Económica y Social de Colombia 1539-1719*, Tercermundo, Colombia.

Gil Juan Nieto(1993), *Selección de Textos, Geográficos e Históricos Barranquilla*, Ediciones Gonernación del Atlántico.

Hayes Kelly E.(2007), "Black Magic and the Academy: Macumba and Afro-Brazilian Orthodoxies." *History of Religions. No. 46.*

Hermes Tovar et al.(1994), "Convocatoria al Poder del Número. Censos y Estadísticas de la Nueva Granada, 1750-1830". *Archivo General de la Nación.* Bogotá.

Izard Gabriel(2002), "Cimarronaje, Identidad y Resisitencia. El Caso de Brasileño". *Revista de Estudios Históricos*, No. 35.

Killinger Cristina Larrea, Ruiz José Luis(2004), *Memoria y Territorio Quilombo en Brasil*, Universidad de Barcelona.

Lima Peralta Rosa, Maristela Andrade Olivera(2009), "Legislación y Políticas Públicas Cambian el Paisaje de Comunidades Negras Quilombolas en Brazil". *Redpol No. 6*, Universidad Autónoma Metropolitana.

María Pia Mopollón Pupo(1991), *Estructura, Dinamica y Cambio de la Familia y el Cuagro en el Palenque de San Basilio*, Colombia: Universidad Los Andes.

María del Carmen Borrego Plá(1983), *Palenques de Negros en Cartagena de Indias a Fines del Siglo XVII*, Escuela de Estudios Hispano-Amercanos, Sevilla.

Mauricio Chavez Bustos(2012), "Esclavos y Negros en la Independencia". *Revista Credencial Historia*, Edición 247, Bogotá.

Mosquera Mosquera Juan de Dios(2012), *El Cimarrionismo Contemporáneo*, Asociación Naional Cimarron, Colombia.

Orlando Fals Borda(1975), La Cuestión Agraría, Colombia: Universidad Nacional de Colombia.

_____(2002), *Historia Doble de la Costa. El Presidente Nieto I*, Universidad Nacional de Colombia.Bogotá.

_____(2002), *Historia Doble de la Costa. El Presidente Nieto II*, Universidad Nacional de Colombia. Bogotá.

Phelan John Leddy(1981), *El Pueblo y el Rey: La Revolución Comunera en Colombia 1781*, Carlos Valencia Editor, Bogotá.

Riacos William(2001), *Raíces Culturales del Pueblo Afroamericano y Caribeño*, Teología Afroamericana y Hermenéutica Bíblica. ed. Kimpres Ltda, Bogotá.

Sánchez Fraín(1998), *Gobierno y Geografía. Agustín Codazzi y la Comisión Corográfica de la Nueva Granada*, Banco de la República, Bogotá.

Schwegler Armin(1996), *Chi Ma Kongo: Lengua y Ritos Ancestrales en Palenque de San Basilio, Tomo II*, Frankfurt, Madrid: Vervuert Verlag.

Silva Lucas(2000), "Los Hijos de Benkos, Documentos 4". *Un Documnetal de Lucas Silvia*.

Silvia Vincente Pérez(2009), "Revolución de los Comuneros: Revolución Documentales y Otras Incidencias". *Revista de Credencial Historia*,

Edición 240, Bogotá.

Wabgou Maguemati(2006), "Algunas Propuestas de Alternativas para Impulsar Mayores Estrategias de Articulación de las Organizaciones Sociales Afrocolombianas". *Movimiento Social Afrocolombiano Negro Raizal y Palenquero*, Universidad Nacional de Colomboa, Bogotá.

Zapata Olivella Manuel(1989), *Las Claves Mágicas de América: Raza, Clase y Cultura*, Plaza & Janes, Bogotá.

Zeuske(1998), "El Cimarrón y las Consecuencias de la Guerra del 95. Un Repaso de la Biografía de Esteban Montejo". *Revista de Indias*, Vol. LVIII, No. 212.

라틴아메리카 흑인 만들기

아프로-라틴아메리카 공동체 빨렝께, 저항으로서의 역사와 기억으로서의 문화

초판 1쇄 발행 2017년 6월 30일

지은이 차경미
펴낸이 강수걸
편집장 권경옥
편집 정선재 윤은미 박하늘바다
디자인 권문경
펴낸곳 산지니
등록 2005년 2월 7일 제333-3370000251002005000001호
주소 부산시 해운대구 수영강변대로140 부산문화콘텐츠콤플렉스 613호
전화 051-504-7070 | 팩스 051-507-7543
홈페이지 www.sanzinibook.com
전자우편 sanzini@sanzinibook.com
블로그 http://sanzinibook.tistory.com

ISBN 978-89-6545-428-1 03300

* 이 저서는 2008년 정부(교육과학기술부)의 재원으로 한국연구재단의 지원을 받아
수행된 연구입니다.(NRF-2008-362-A00003)
* 이 도서의 국립중앙도서관 출판예정도서목록(CIP)은 서지정보유통지원시스템
홈페이지(http://seoji.nl.go.kr)와 국가자료공동목록시스템(http://www.nl.go.kr/kolisnet)에서
이용하실 수 있습니다.(CIP제어번호 : CIP2017014392)